1. Auflage
2021
© Alle Rechte vorbehalten

Inhalt

Teil 1 - Was im Leben wirklich zählt 5
  Einleitung 6
  Für wen ist dieses Buch? 10
  Was dieses Buch (nicht) ist 14
  Liebe machen ist nicht schwer, Liebe leben dafür sehr 16
  Wie geht es dir in deiner Partnerschaft? 18
  Was ist eine Bucket List? 20
    Definition 20
    Herkunft 20
    Was nicht auf die Bucket List gehört 21
  Was bringt euch eine Bucket List? 25
    Wofür soll ich das tun? 26
    Kurzfristig 30
    Langfristig 31
  Was mache ich mit der Bucket List ? 32
    Formen der Bucket List 32
    Platz für die Bucket List 36
    Nutzung der Bucket List 36
    Nichts ist in Stein gemeißelt 37
  Die Bucket List erstellen 38
    Der geeignete Rahmen 38
    Der richtige Moment 39

Los geht's - Der Prozess 41

    Ideensammlung 41

    Was tun bei unterschiedlichen Meinungen? 47

    Hilfsmittel 49

    Kommunikation 51

Teil 2 - Ideen für eure Bucket List 53

    Kostenlos 55

        Romantik pur 55

        Gemeinsam Gutes tun 90

        Einfach mal verrückt sein 105

        Täglich Neues ausprobieren 119

        Räumt euer Leben auf – Platz für Neues 141

    Das ist es uns wert 161

    Lebensträume 205

Teil 3 - Die Liste ist erstellt – und wie weiter? 223

    Der Weg, wie eure Träume wahr werden 224

        Persönlichkeitsentwicklung 226

        Geld generieren 227

    Nachwort 231

    Danke 233

Anlage 237

Teil 1
Was im Leben wirklich zählt

Einleitung

Unsere Kinder machen es uns vor. Sie möchten einmal Ballerina, Feuerwehrmann oder YouTube-Star werden. Sie wünschen sich, in den Weltraum zu fliegen oder mal einen Prinzen zu heiraten. Sie haben ständig neue Ideen und große Träume.
Wie ist es mit dir? Hast du noch Wünsche und Träume? Ich hoffe es für dich. Denn wie heißt es so treffend:

Wer aufgehört hat zu träumen,
hat aufgehört zu leben.

Vor elf Jahren – damals war ich alleinerziehend – war ich mit meinen Kindern in den spanischen Pyrenäen. Es war traumhaft. Wir waren immer draußen. Sonne, Berge, Meer, eine andere Kultur, leckeres Essen, eine neue Sprache, viele soziale Kontakte und die spanische Musik faszinierten uns, und die Kinder lernten so viel. Wir fanden es alle drei fantastisch und wollten am liebsten einfach weiterfahren und andere Gegenden kennenlernen. In diesen Tagen wurde die Idee geboren, die Kinder für ein Jahr aus der Schule zu nehmen und durch Europa zu reisen. Die Ernüchterung kam, als wir wieder zu Hause waren und ich das Schulamt anrief, das uns einen Strich durch die Rechnung machte. Und allein, ohne Partner, hatte ich nicht den Mut und die Kraft, dafür zu kämpfen. Allerdings hatte ich mir auch nicht wirklich überlegt, wie ich das überhaupt alles hätte bewerkstelligen sollen. Aber die Idee ließ mir keine Ruhe. Der Wunsch, einfach mit einem Auto loszufahren und immer dort zu bleiben, wo es mir gerade gefiel, brannte sich tief in mein Herz ein. Als ich kurz darauf meine erste Bucket List erstellte, stand das ganz groß, ganz oben als mein Lebenstraum. Ich nahm mir vor, das Projekt zu starten, sobald meine Kinder erwachsen sind und die Schule beendet haben. Dann wollte ich kein Jahr länger warten. Allerdings wusste ich damals überhaupt nicht, wie ich das finanzieren sollte, ob mein Arbeitgeber mitspielen würde und was für ein Auto ich dafür nutzen sollte. Außerdem wollte ich eigentlich nicht allein fahren.

Letztes Jahr hat sich dieser Lebenstraum erfüllt. Meine Kinder sind inzwischen erwachsen und stehen auf eigenen Füßen. Vor fünf Jahren lernte ich meinen neuen Partner kennen, mit dem ich seitdem in einer glücklichen Beziehung lebe. Und er brachte – oh Wunder – einen Camper-Bus mit in mein Leben. Seitdem schreiben wir eine gemeinsame Bucket List und erstellen uns Jahrespläne. Vor drei Jahren machte ich mich selbstständig mit einem Online-Business und seitdem kann ich von überall auf der Welt aus arbeiten. Und so haben wir letztes Jahr unser Haus und den kompletten Hausstand aufgegeben und sind einfach losgefahren....

Am Anfang war die Liste mit meinem großen Wunsch.

Natürlich reicht das Wünschen allein nicht aus. Aber es ist der erste Schritt, um überhaupt zu wissen, wo man hin will. Und das beste Werkzeug dafür ist eine Bucket List.

Möge dieses Buch für euch der Start in eine bessere, in eine glückliche, harmonische und erfüllende Partnerschaft und in ein traumhaftes Leben sein.

Wie ist es bei dir? Hast du einen Lebenstraum? Wünschst du dir ein Traumhaus? Träumst du von einer harmonischen Familie? Möchtest du zu einer traumhaften Reise starten? Oder einfach verträumt einem großen Musikstar lauschen? Oder hattest du vielleicht einen Kindheitstraum?

Auf jeden Fall hoffe ich, dass du gerade deinen Traumpartner an deiner Seite hast! Und was gibt es Schöneres, als mit diesem die gemeinsame Zukunft zu planen?

Aber wo steht ihr gerade?

Hat eure Romanze gerade erst begonnen und du bist dir sicher, den richtigen Partner gefunden zu haben? Nun wollt ihr nichts anbrennen lassen und gleich für ein abwechslungsreiches Leben sorgen, so dass gar nicht erst Langeweile aufkommen kann?

Oder seid ihr schon länger zusammen und habt euch bereits einige eurer Wünsche erfüllt? Vielleicht habt ihr euch auch schon ein paar der früheren Wünsche „abgeschminkt", weil sie eurer Meinung nach sowieso nicht erfüllbar sind. Oder ist das ein oder andere nur in Vergessenheit geraten? Im tristen Alltag mit all seinen Herausforderungen einfach verloren gegangen? Natürlich wollen Job, Kinder und Haushalt erst einmal unter einen Hut gebracht werden. Dummerweise leidet aber gerade unter den eingefahrenen täglichen Abläufen eure Partnerschaft.

Es gibt wissenschaftliche Studien, die gezeigt haben, was die Liebe frisch hält oder wie man seine Partnerschaft wieder in Schwung bringen kann. Heraus kam, dass offen sein, miteinander reden und gemeinsame Erlebnisse zu den wichtigsten Aspekten gehören.

Professor Brian Ogolsky aus Illinois (USA), der über 1000 Paar-Studien mit insgesamt über 12.000 Menschen verglichen hat, sagte einmal:

"Partnerschaften sind wie Autos. Du musst sie warten, damit sie gut laufen und lange halten."

Er fand heraus, dass gemeinsam Spaß zu haben und Neues zu entdecken, sehr wichtig ist. Ebenso ein Team zu bleiben und sich immer wieder die Frage zu stellen: „Was ist das Beste für uns?"
Wenn ihr als Paar eine Bucket List erstellt, gibt euch das genau diese Möglichkeit. Die Bucket List ist ein gutes Tool, um etwas für eine langfristige Beziehung zu tun. Denn, mal ganz ehrlich, wann habt ihr das letzte Mal über eure Wünsche und Träume geredet?
Dann nehmt dieses Buch und fangt damit an. Es ist nie zu spät! Die Bucket List ist nicht nur eure Wunschliste. Betrachtet sie als den **Masterplan** für euer restliches, glückliches Leben.

Für wen ist dieses Buch?

Frisches Paar
Ihr seid noch nicht ewig zusammen und fühlt euch noch immer wie frisch verliebt? Oder fängt die rosarote Brille schon langsam an zu verschwinden? Dann ist jetzt der richtige Zeitpunkt, euch wirklich näher kennenzulernen. Was weißt du über die Träume und Visionen deines Freundes oder deiner Freundin? Was möchte der andere unbedingt erleben, wobei lacht sein Herz?
Dabei ist es völlig egal, wie alt du bist. Ist es die erste große Liebe, bei der du gleich den Richtigen

gefunden hast? Oder bist du bereits geschieden und erlebst deinen zweiten Frühling? Eine gemeinsame Bucket List wird euch mehr über den anderen verraten und ihn euch um einiges näherbringen.

Paar mit Kindern
Natürlich habt ihr euch die Kinder gewünscht und seid glücklich, dass ihr eine Familie seid. Aber Kinder, Job und Haushalt fordern eure ganze Aufmerksamkeit. ihr fühlt euch manchmal wie im Hamsterrad und fragt euch, was aus eurer Liebe geworden ist? So habt ihr euch das früher nicht vorgestellt. Außerdem bietet der Alltag wenig Raum für Zweisamkeit.
Dann kann eine gemeinsame Bucket List frischen Wind in eure Partnerschaft bringen. Besinnt euch auf eure früheren Ideen und Visionen. Was ist vielleicht in Vergessenheit geraten, was ihr früher einmal gemacht habt. Was vermisst ihr im Alltag?
Ihr habt euch natürlich als Individuen und als Paar auch weiterentwickelt.

Welche neuen Wünsche haben sich herauskristallisiert, welche Zukunftsphantasien wollen endlich mal ans Licht? Die Bucket List wird den Fokus auf euch als Paar wieder in euren Alltag zurückholen. Der Prozess wird euch wieder näherbringen, und wenn ihr wirklich ehrlich seid, dann näher als je zuvor.
Zudem hat das alles noch einen anderen großen Vorteil. Ihr könnt euren Kindern vorleben, wie man Partnerschaft mit Kindern auch erfüllt leben kann. Denn eure Kinder lernen von euch durch Beobachten und Nachahmen.

Die Kinder sind aus dem Haus

Jahrelang habt ihr euch um die Kinder, den Haushalt und eure Jobs gekümmert. Das war okay, aber eure Partnerschaft ist auf der Strecke geblieben. Es war wenig Zeit für euch als Paar und die Liebe verblasst so langsam. Ihr habt oft nur noch funktioniert. Und vielleicht wäret ihr gar nicht mehr zusammen, wenn die Kinder nicht wären.
Jetzt sind die Kinder raus und euch fehlt irgendetwas. Die Partnerschaft dümpelt so herum, ihr lebt nur noch nebeneinander her. Möglicherweise wisst ihr gar nichts mehr miteinander anzufangen. Dabei war das doch irgendwann einmal ganz anders.
Dann lasst eure Partnerschaft neu aufleben! Findet neue Aufgaben und setzt euch Ziele als Paar. Vielleicht wird es ja genau jetzt möglich, einen früheren Traum zu verwirklichen, der mit den Kindern unvorstellbar war. Oder ihr habt eine ganz neue, vielleicht auch verrückte Idee von eurem neuen Lebensabschnitt? Dann los! Jetzt ist der ideale Zeitpunkt für eine gemeinsame Bucket List.

Eure Beziehung ist in einer Krise

Es gibt wohl kaum ein Paar, das nicht irgendwann einmal in eine Krise gerät. Dennoch muss das nicht gleich ein Grund zur Trennung sein. Ihr wollt euch wieder zusammenraufen und den Weg als Paar gemeinsam weitergehen? Herzlichen Glückwunsch! Ihr schafft das. Was auch immer zu dieser Krise geführt hat, jetzt wird in die Zukunft geblickt.

Die Bucket List wird euch dabei unterstützen. Sie kann der Fahrplan für euer weiteres Leben sein. Genau jetzt ist es wichtig, um über eure wirklichen Wünsche und Träume zu reden. Wie oft sind Missverständnisse Ursache von Streit und Problemen? Das muss nicht sein. Macht es ab jetzt anders! Der Prozess, eine Bucket List zu erstellen, ist genau der richtige Weg. Werdet euch bewusst, welche Gemeinsamkeiten euch verbinden und immer verbunden haben. Findet heraus, welche Wünsche ihr noch habt, die bislang unbeachtet geblieben sind. Träumt euch eure Zukunft so richtig schön und plant die ersten Schritte dahin. So kann die Bucket List dazu beitragen, eure Partnerschaft nicht nur zu retten, sondern sie sogar auf ein ganz neues Level zu bringen.

Lebensveränderung
Euer Leben hat sich verändert. Vielleicht hat einer von euch seinen Job verloren, vielleicht hat sich eure finanzielle Situation aus anderen Gründen verändert. Dabei kann es sich um einen solchen Geldverlust handeln, dass ihr euren früheren Lebensstandard nicht mehr beibehalten könnt. Dann lasst euch inspirieren, was auch ohne hohe Kosten im Leben möglich ist. Die Qualität eurer Partnerschaft hängt nämlich nicht vom Geld ab. Die Bucket List wird dazu beitragen, eure Liebe trotz finanzieller Einbußen aufzufrischen und eure Partnerschaft zu bereichern.

Vielleicht ist es aber auch ganz anders. Bisher musstet ihr sparen und konntet keine großen Sprünge machen. Auf einmal hat sich ein Geldsegen eingestellt und ihr wollt euer Leben neu planen. Wie geht ihr dabei vor? Was ist euch beiden wichtig in eurer Partnerschaft? Die Bucket List wird euch ein guter Helfer bei euer Zukunftsplanung sein.

In der Lebensmitte fragst du dich: Soll das schon alles gewesen sein?

Du bist in der Lebensmitte. Irgendwie hast du das Gefühl, bisher zu wenig gelebt zu haben. Du hast immer nur funktioniert. Alte Glaubenssätze wie „erst die Arbeit, dann das Vergnügen" oder „lieber den Spatz in der Hand als die Taube auf dem Dach" haben dein Leben geprägt. Du hast dich oft angepasst und selten an dich gedacht.

Auch eure Partnerschaft fühlt sich an wie ein Paar ausgelatschte Schuhe. Das kann's doch nicht gewesen sein. So alt bist du nun auch wieder nicht. Dann beginne doch in deiner Partnerschaft und bringe sie auf das Level, was du dir vorstellst. Beleuchtet gemeinsam alle Lebensbereiche und schaut, wo ihr noch hinwollt im Leben. Nutze die Bucket List und wisse: Jetzt geht das Leben richtig los!

Oder ist dein Leben so weit in Ordnung. Eigentlich kannst du rundum zufrieden sein. Nur in deiner Beziehung hast du das Gefühl, es fehlt noch ein kleines Quäntchen zum Glück. Dann wäre dein Leben perfekt. Dann ist die Bucket List die Lösung, um ein rundum erfülltes und glückliches Leben zu haben.

Was dieses Buch (nicht) ist

Dieses Buch ist kein Eventkatalog à la Jochen Schweizer und soll auch nicht alle Veranstaltungsmöglichkeiten deiner Umgebung abbilden. Es ist also kein Nachschlagewerk, wenn du etwas zur Bespaßung suchst oder einen Tipp für euch fürs nächste Wochenende brauchst.

Dieses Buch ist nichts für dich, wenn du nicht selbst in dich gehen willst und etwas zu einer stabilen, spannenden Partnerschaft beitragen möchtest. Es ist ebenfalls nicht für dich geeignet, wenn du glaubst, das Lesen dieses Buches allein könnte deine Partnerschaft retten oder dir zeigen, ob dein jetziger Partner der Richtige für dich ist.

Es ist viel mehr und geht viel tiefer. Das Buch ist quasi eine kleine Anleitung, was ihr gemeinsam dafür tun könnt, dass ihr als Paar für immer Spaß und Abwechslung im Alltag habt, dass ihr auch in angespannten Situationen eure Träume und Ziele nicht aus den Augen verliert, dass gemeinsame Erlebnisse und Erinnerungen euch immer mehr zusammenschweißen, dass ihr euren Kindern vorlebt, wie erfüllte Partnerschaft funktioniert, dass ihr euch immer besser und besser kennenlernt, euch vertraut und euch gegenseitig unterstützt.

Wenn du sagst: Ja, das wünsche ich mir von ganzem Herzen und ich werde diesen Ratgeber dafür nutzen, um mein Bestes für meine Partnerschaft zu tun – dann freue dich auf die kommenden Seiten und die Erstellung eures eigenen „Kataloges", den ihr in begeisternden Worten und so bunt darstellen könnt, wie ihr wollt. Es ist euer „Baby".

Trotz allem sollte euch eure Liste nicht unter Druck setzen. Ja, sie ist dazu da, Träume in Ziele umzuwandeln. Aber es geht hier nicht um Leistung – nach dem Motto: Nur wenn ich dieses und jenes geschafft habe, ist meine Partnerschaft gut. Es geht hier um Freude auf dem weiteren gemeinsamen Weg, um mehr Nähe, um Spaß, um Entspannung vom Alltag, um Bereicherung im Leben.

Liebe machen ist nicht schwer, Liebe leben dafür sehr

Jeder weiß es, aber keiner will es wahrhaben. Auch eine Partnerschaft hat eine Halbwertszeit. Dennoch gibt es viele Paare, die bei der Hochzeit keinen Ehevertrag abschließen. In dem Moment ist man so überzeugt von einem ewigen, glücklichen Leben mit dem Partner, dass alle anderen Optionen keine Rolle spielen. Keiner will zu Beginn wahrhaben, dass die Zeit mit dem Traumpartner oder der Traumpartnerin irgendwann einmal langweilig werden kann, dass sich Probleme einstellen, dass es einen gemeinsamen tristen Alltag geben wird, dass man sich wegen Kleinigkeiten streitet, dass vielleicht die Interessen auseinandergehen, dass man sich unterschiedlich schnell weiterentwickelt.

Erinnerst du dich noch an eure ersten Wochen und Monate? Stündliche Nachrichten auf allen Kanälen, kleine Geschenke, romantische Ideen, Liebesschwüre und jede Menge gemeinsame Zeit. Dem oder der Angebeteten gilt die ungeteilte Aufmerksamkeit. Es knistert und kribbelt. Sex hat man so oft wie nur möglich. Man kann nie genug voneinander bekommen und träumt von einem gemeinsamen Leben. Die rosarote Brille lässt nur die positiven Seiten des anderen klar sehen und filtert alles Negative heraus.

Ist die Phase des Verliebtseins vorbei, geht das wirkliche Kennenlernen erst los. Die ersten Schwächen des Partners werden sichtbar. Jetzt zeigt sich so langsam, ob der andere der oder die Richtige ist oder nicht. Komme ich klar mit den Gegensätzen, die ich plötzlich sehe? Will ich mit den Macken leben, die ich jetzt entdecke? Jetzt ist alles eine Entscheidung. Ja, zur wirklichen Liebe muss man sich entscheiden. Gebe ich dem anderen mein volles Commitment? Oder schaue ich nebenbei weiter, ob sich vielleicht noch etwas Besseres bietet. Erst, wenn ich eine Entscheidung getroffen habe, kann wirkliche Liebe entstehen – die Basis für eine lange und erfüllende Partnerschaft.

Und dann kommen irgendwann der Alltag, die Gewohnheit, der Stress durch Job und Kinder, immer mehr Meinungsverschiedenheiten. Dabei verliert man oft den Blick auf das Positive in der Partnerschaft. Die Beziehung bekommt nämlich nach und nach andere Werte. Vertrauen, Verlässlichkeit, Geborgenheit, Unterstützung, Rücksicht, Vielfalt, Akzeptanz, Toleranz, gemeinsame Entwicklung. Damit kann die Liebe wachsen. Aber leider ist uns das meistens nicht bewusst, weil wir andere Dinge im Fokus haben. Der Alltag hat uns im Griff. Und dann hat man manchmal das Gefühl, nur noch nebeneinanderher zu leben.

Die Bucket List kann genau das verhindern. Sie richtet den Fokus wieder auf euch als Paar. Sie bringt euch wieder näher! Sie lässt eure Gemeinsamkeiten wieder aufleben. Ihr erlebt euren Partner bewusster. Sie schweißt euch mehr zusammen. Ihr geht wieder miteinander statt nebeneinander. Euer Leben wird aufregender im positiven Sinne und gibt euch mehr Sicherheit für die Zukunft. Ihr verhindert mögliche Krisen. Ihr sorgt für mehr Glückshormone und somit für eine bessere Gesundheit.

Die Bucket List ist euer Helfer, um eure Liebe zu leben!

Wie geht es dir in deiner Partnerschaft?

In welcher Situation bist du gerade?

Kribbelt es noch in deinem Bauch, wenn dein neuer Schatz in wenigen Minuten bei dir eintreffen wird? Bist du noch frisch verliebt? Aber diesmal willst du etwas anders machen als in vorherigen Beziehungen? Du möchtest dem neuen Glück zu langer Dauer verhelfen? Dann freue ich mich riesig für dich! Möge das Verliebtheitsgefühl noch lange anhalten! ;-) Die Bucket List kann euch dabei behilflich sein.

Oder bist du schon lange in deiner Partnerschaft? Wirkliche Leidenschaft war irgendwann einmal. Die Tage gehen so dahin. Es passiert nichts Neues mehr. Du kennst den anderen wie deine Westentasche. Du kennst seine Duftmarke auf der Toilette, die ständig herumliegenden schmutzigen Socken und das Fluchen hinterm Lenkrad. Sex ist mehr oder weniger eingeschlafen. Hin und wieder gibt es Streit, vielleicht auch nicht. Aber meistens lebt ihr so nebeneinander her. Nichts Aufregendes. Die Highlights sind eure Urlaube. Aber selbst dabei habt ihr verschiedene Vorstellungen. Dann lasst euch mal wieder aufeinander ein! Ein spannender Prozess steht euch bevor, wenn ihr eure Bucket List erstellt. Und neue Spannung ist doch genau das, was du willst...

Vielleicht habt ihr euch auch schon in sehr jungen Jahren kennengelernt. du sehnst dich irgendwie nach Abwechslung. Aber bei deinem Partner weißt du wenigstens, was du hast und woran du bist. Einen wirklichen

Grund für eine Trennung gibt es nicht. Wenn nur wenigstens etwas mehr Lebendigkeit in eurer Beziehung wäre. So wie früher! Dann lasst euch inspirieren durch neue Ideen und entdeckt euch gegenseitig neu! Ihr werdet staunen, was nach so vielen Jahren noch (oder gerade) möglich ist.

Oder habt ihr Kinder, die schon seit Jahren eure ganze Aufmerksamkeit fordern und natürlich gutes Streitpotential bieten? Dabei waren sie doch mal euer sehnlichster Wunsch und die Besiegelung eurer Liebe. Aber der alltägliche Wahnsinn treibt euch manchmal an den Rand der Verzweiflung und die Partnerschaft bleibt komplett auf der Strecke? Oder gerät sie sogar manchmal ins Wanken, weil ihr verschiedene Meinungen habt beim Umgang mit den Kindern? So hast du dir das jedenfalls früher nicht vorgestellt. Dann wird die Bucket List euch unterstützen, den Fokus wieder mehr auf euch als Liebespaar statt als Elternpaar zu lenken. Denn aus einer erfüllten Partnerschaft heraus ist Kindererziehung gleich viel leichter. Das ist das eindeutige Ergebnis aus meinen Elterncoachings.

Letztendlich ist es völlig egal, an welcher Stelle in deinem Liebesleben du dich gerade befindest. An seiner Partnerschaft zu arbeiten, ist immer richtig und wichtig. Eine Bucket List kann euch dabei wunderbar unterstützen.

Was ist eine Bucket List?

Definition

Laut Wikipedia ist eine Bucket List „eine Liste mit Dingen, die man im restlichen Leben gerne noch tun oder erreichen möchte".

Bei der Bucket List handelt es sich also um eine Art Wunschliste für dein Leben. Sie enthält deine Lebensziele, deine Träume und Visionen. Auf der Bucket List sollte alles stehen, was du willst, auch wenn es dir im Moment unerreichbar erscheint. Es hat also nichts damit zu tun, was du jetzt schon kannst.

Man könnte auch sagen, du schreibst eine Glücksliste, weil sie alles enthält, was dich glücklich macht. Die Idee entstammt wahrscheinlich dem Wunschzettel aus der Kindheit, den man zu Weihnachten geschrieben hat. Der große Vorteil als Erwachsener ist, dass man nicht auf Weihnachten warten muss, um damit zu starten. Und das Beste daran ist, dass du nicht auf andere angewiesen bist, damit sich die Wünsche erfüllen.

Im Deutschen wird die Bucket List auch als Löffelliste bezeichnet, weil auf ihr alles steht, was du tun willst, bevor du „den Löffel abgibst". Also alles, was dir in deinem Leben wichtig und erstrebenswert ist. Dabei werden alle Lebensbereiche betrachtet.

Herkunft

Der Begriff Bucket List stammt ab vom englischen „kick the bucket", was im Deutschen so viel heißt wie „den Löffel abgeben". Daher auch die deutsche Bezeichnung Löffelliste.

„The Bucket List" ist der Originaltitel des US-amerikanischen Films „Das Beste kommt zum Schluss" mit Morgan Freeman und Jack Nicholson aus dem Jahr 2007. Wenn du ihn noch nicht gesehen hast, möchte ich ihn dir wärmstens ans Herz legen.
Im Film lernen sich der Milliardär Cole und der Automechaniker Chambers im Krankenhaus kennen. Beide sind an Krebs erkrankt. Sie beschließen, vor ihrem Tod noch einmal richtig zu leben. Sie legen gemeinsam eine Liste an, auf der alle Dinge stehen, die sie schon lange einmal tun wollten. Daraufhin begeben sie sich gemeinsam auf eine Reise, um diese Liste abzuarbeiten. Sie lernen, das Leben in vollen Zügen zu genießen. Dabei entwickelt sich eine Freundschaft und sie erfahren, wer sie selbst sind.
Mehr wird hier nicht verraten... ;-)

Was nicht auf die Bucket List gehört

Prinzipiell gibt es bei dem, was ihr auf die Bucket List schreibt, kein Richtig und kein Falsch. Jeder Mensch und jedes Paar hat andere Vorstellungen vom gemeinsamen Leben. Lasst euch also nicht von anderen beeinflussen. Ihr braucht euch keine Gedanken darum zu machen, was andere vielleicht von euch denken könnten, wenn sie eure Liste sehen. Es ist EURE Liste. Es sind EURE Träume.

Dennoch gibt es ein paar Dinge zu beachten, wenn ihr eure Bucket List erstellt. Es ist nämlich wichtig, dass auch nur EURE Träume und EURE Vorhaben auf der Liste stehen. Es kann sein, dass dir beim Grübeln und Brainstormen Dinge einfallen, die gar nicht wirklich zu dir gehören, die nicht aus deinem tiefsten Inneren kommen. Wenn so etwas dann auf eurer Liste landet, setzt euch das eher unter Druck als euch zu motivieren.

Was tust du nur, um anderen zu gefallen?

Vielleicht kennst du das. Irgendetwas ist aktuell gerade angesagt. Das kann Kleidung sein. Oder eine bestimmte Frisur, die gerade Mode ist.

Oder ein neuer Technik-Trend. Jeder hat es und du glaubst, du brauchst das jetzt auch, um dazuzugehören. Du folgst einfach der Masse, weil du die Befürchtung hast, du wirst sonst nicht mehr anerkannt.

Vielleicht waren ja alle deine Freunde schon mal in New York und nun glaubst du, das muss auf deine Bucket List, damit du mitreden kannst. Schließlich sagen alle, dass man mal in New York gewesen sein muss. Dabei magst du gar keine Städtereisen. Dann gehört das definitiv nicht auf eure Liste.

Stelle dir am besten immer folgende Fragen:

WILL ich das?
Will ICH das?
Will ich DAS?

Was sind alte Glaubenssätze, was man machen soll

Ein Haus bauen, einen Sohn zeugen und einen Baum pflanzen. Kennst du diese alte Volksweisheit, was man als Mann in seinem Leben unbedingt getan haben sollte? Interessanterweise ist die Herkunft dieses Spruches unbekannt. Trotzdem hat er sich über viele Generationen so überliefert und ist auch heute noch für viele relevant.

Was aber, wenn Kinder gar nicht zu deinem Lebensplan passen? Oder wenn du gerne in der Stadt in einer wunderschönen Dachgeschosswohnung wohnst mit Blick in die Ferne?

Glaubenssätze sind Gedanken und Überzeugungen, wie etwas ist oder zu sein hat. Es sind deine Gedanken über dich und die Welt, die du als wahr ansiehst, also sozusagen deine Lebensregeln. Diese können nützlich sein

und dich gut durch dein Leben navigieren. Negative Glaubenssätze allerdings bremsen oder blockieren dich.
Stell dir vor, du würdest gern mit deiner ganzen Familie um die Welt reisen. Du hast aber gelernt, dass du als Vater für deine Familie sorgen und ordentlich Geld verdienen musst. Außerdem müssen die Kinder erst ihre Schulausbildung beenden, damit aus ihnen später etwas werden kann. Mit diesen Glaubenssätzen wird dir die Entscheidung zu solch einer Reise schwerfallen. Du wirst dir dann wahrscheinlich sagen, dass du das später irgendwann immer noch tun kannst und diesen Traum aufgeben.
Die meisten Glaubenssätze wurden dir in deiner Kindheit mit auf den Weg gegeben.

Der Einfluss deiner Eltern

Ob du es glaubst oder nicht, der Einfluss deiner Eltern auf deine Denkweise ist auch heute noch enorm. Deine Erziehung hat dich geprägt und was deine Eltern damals getan und gesagt haben, ist für dich Normalität und Standard geworden. Sie waren deine Vorbilder. In deiner frühen Kindheit sind die meisten deiner Glaubenssätze entstanden.
Wenn du zum Beispiel mit Sätzen wie „Geld verdirbt den Charakter" oder „Geld stinkt" aufgewachsen bist, dann bist du sicher mit wenig zufrieden und kommst dir schlecht vor, wenn der Gedanken aufploppt, du wärest gern Millionär. Schließlich wird man ja mit ehrlicher Arbeit kein Millionär. Oder du hast gelernt, dass „erst die Arbeit, dann das Vergnügen" kommt? Das sagt dir, dass du erst fleißig bis zur Rente arbeiten musst, bevor du länger als sechs Wochen verreisen kannst. Außerdem muss ja fürs Alter und die Rente vorgesorgt werden. Dir wird also kaum in den Sinn kommen, dass du in der Lebensmitte einfach mal eine Weltreise starten könntest, die mehrere Jahre dauern soll.
Merkst du, wie deine Erziehung dich im Denken begrenzen kann? Deswegen beginne zu träumen. Spinne einfach herum! Und wenn solch ein Glaubenssatz kommt, der dir sagt, dass das doch sowieso nicht geht, dann

frage dich: Was wäre, wenn ALLES möglich wäre?

Was lässt dein Herz nicht höherschlagen (deswegen nicht hier abschreiben, sondern selber „spinnen")

Es gibt so unsagbar viele Ideen, was man im Leben alles machen kann. Einige findest du auch als Vorschläge hier im Buch. Eure Bucket List soll aber keine Sammlung irgendwelcher Tipps von anderen sein, die ihr gerade mal ganz interessant findet. Deswegen schreibt bitte hier nicht ab, wenn ihr nicht spürt, dass euch eine Sache total vom Hocker haut. Es muss kribbeln bei dem Gedanken, etwas zu tun oder zu erreichen. Dann ist es richtig für euch. Es muss euch motivieren, am liebsten gleich loszulegen.
Was bewegt dein Herz? Was wolltest du schon immer mal tun? Wovon träumt ihr?

Was bringt euch eine Bucket List?

Wenn ihr eine Bucket List erstellt, dann redet ihr nicht nur über eure Wünsche. Ihr schreibt sie auf und haltet sie für die Zukunft fest.
Warum ist das Aufschreiben so wichtig? Schreiben schafft Klarheit. Wenn du etwas aufgeschrieben hast, hast du dir auch wirklich Gedanken darüber gemacht. Durch das Aufschreiben bekundet ihr eure Absicht, etwas tatsächlich tun oder erreichen zu wollen. Durch Schreiben manifestierst du außerdem deine Wünsche und Ideen. Schreiben hat also eine psychologische Wirkung.
Zudem hat eine geschriebene Liste den Vorteil, dass du nichts vergessen kannst. Du kennst das vielleicht von einer Einkaufsliste. Warst du schon mal im Supermarkt ohne Einkaufszettel, wenn du mehr als zehn Dinge brauchtest? Und hast du an alles gedacht?
Wenn ihr eure Bucket List dann auch noch irgendwo aufhängt, einen Jahresplan oder ein Vision Board daraus macht (mehr darüber erfahrt ihr in den Kapiteln „Platz für die Bucket List" und „Und wie weiter"), dann habt ihr eure Träume immer im Blick. Das motiviert euch, darauf hinzuarbeiten. Euer Fokus liegt auf euren gemeinsamen Zielen. Außerdem prägen sich die Wünsche durch das häufige Anschauen in euer Unterbewusstsein ein.

Wofür soll ich das tun?
Klarheit
Um eine Bucket List zu erstellen, müsst ihr euch natürlich beide Gedanken dazu machen, was ihr wirklich wollt und von eurem gemeinsamen Leben noch erwartet. Das heißt, ihr überlegt euch, was eure Werte in einer Beziehung sind. Das Wichtigste an dem Prozess ist jedoch der Austausch eurer Gedanken. Ihr kommt ins Gespräch. So bekommt ihr Klarheit, wo es in eurem gemeinsamen Leben hingehen soll und was dem anderen wichtig ist.

Überraschung
Vielleicht habt ihr ja noch nie oder ganz lange nicht mehr darüber geredet, was ihr euch jeweils für euer Zusammenleben wünscht. Wer nicht besonders extrovertiert ist und seine Emotionen nicht so gerne zeigt, der wird auch nicht gleich jeden neuen Gedanken aussprechen. Das kann sich ganz anders verhalten, wenn ihr euch einmal in gemütlicher Atmosphäre bei Kerzenschein und einem Glas Wein hinsetzt und anfangt, eure Zukunft zu erspinnen. Möglicherweise bist du gerade dann überrascht, was in deinem Partner vorgeht und welche Ideen er hat. Du kannst so deine bessere Hälfte noch einmal ganz neu kennenlernen.

Stabile Partnerschaft
Wenn ihr eine Bucket List erstellt und eure Zukunft plant, rückt ihr eure Gemeinsamkeiten in den Vordergrund. Ihr erkennt, was euch bereits verbindet und findet neue Dinge, die euch noch näher zusammenbringen können.

Wenn ihr die geplanten Erlebnisse, Wünsche und Träume dann auch umsetzt – und das ist ja das Ziel der Liste – werdet ihr Erfahrungen sammeln, die euer Leben bereichern. Schließlich ist es auch viel schöner, wenn man besondere Momente mit jemandem teilen kann. Mit den gemeinsamen Erlebnissen teilt ihr auch euer Glück.

„Das Glück ist das Einzige, das sich verdoppelt, wenn man es teilt." (Albert Schweitzer)

Wie Studien bewiesen haben, trägt genau das – miteinander reden, Neues ausprobieren und gemeinsame Erlebnisse – zu einer stabilen Partnerschaft bei.

Erfülltes Leben

Wenn euch euer Leben im Moment noch eher trist vorkommt und die Tage einfach so ins Land ziehen, dann werdet ihr staunen, wie anders es sich anfühlt, wenn ihr wieder mehr Schönes gemeinsam erlebt. Das können auch kleine Dinge sein, die den Alltag bunter machen. Euer Leben wird euch dadurch länger vorkommen.

Es geht nicht darum, dem Leben mehr Tage zu geben, sondern den Tagen mehr Leben. (Cicely Saunders)

Wenn euch eure Herzenswünsche erst einmal bewusst sind und ihr sie ausgesprochen und aufgeschrieben habt, nur dann könnt ihr ihnen auch folgen.

Nur wer sein Ziel kennt, findet den Weg.
(Laotse)

So habt ihr eine gute Chance, am Ende des Lebens nichts bereuen zu müssen. Denn in den letzten Stunden bereut man nur das, was man nicht getan oder zumindest versucht hat.

Persönlichkeitsentwicklung

Wenn ihr eine Bucket List erstellt und danach beginnt, eure Wünsche zu verwirklichen, dann kann das ein großer Schritt in eurer Persönlichkeitsentwicklung sein. Besonders bei Lebensträumen, die anfangs unerreichbar erscheinen und dir vielleicht ein wenig Angst machen, bedeutet die Verwirklichung auch Arbeit an sich selbst. Warum? Weil ihr zum Erreichen der Ziele etwas tun müsst. Schließlich reicht Wünschen allein meist nicht aus. Auch mögliche Angst verschwindet nicht von selbst.
Stellt euch vor, ihr träumt von einem Leben auf Reisen. Ich wollt euch die Welt ansehen, vielleicht von unterwegs aus arbeiten oder euren Job für eine gewisse Zeit aussetzen. Dann seid ihr weit weg von zu Hause, von eurer Familie, von eurem gewohnten und vertrauten Umfeld. Das ist bei den meisten ein großer Schritt aus der Komfortzone. Es erfordert eine gehörige Portion an Mut. Das heißt, um manche Visionen wahr werden zu lassen, müsst ihr euch weiterentwickeln.
Dann kann es auch Wünsche geben, die gar nicht so riesig groß sind, aber dennoch eine Veränderung erfordern. Vielleicht wollt ihr wieder anfangen, gemeinsam zu musizieren. In der Kindheit hattet ihr schon einmal Gitarren- und Klavierunterricht, aber davon ist bei beiden nicht mehr viel übriggeblieben. Klavier und Gitarre stehen noch da, dienen aber nur noch als Staubfänger oder Raumschmuck. Manchmal juckt es euch schon in den Fingern, aber dann fehlt wieder die Zeit. Um so einem Wunsch nachzukommen, solltet ihr eure Gewohnheiten überdenken. Wahrscheinlich hättet ihr die Zeit, wenn ihr euch nicht von anderen Dingen ablenken lassen würdet. Im TV kommt sowieso nicht viel Gescheites und ihr zappt immer nur durch die Programme, um am Abend einfach runterzukommen. Dann ist es ratsam, sich die alte, negative Angewohnheit abzugewöhnen und stattdessen eine neue Gewohnheit – in dem Falle das Musizieren – zuzulegen. Auch das ist Persönlichkeitsentwicklung und erfordert den festen Willen, Disziplin und manchmal auch eine konkrete Anleitung und Tipps zur Umsetzung.
Wem es generell schwerfällt, sich alte Angewohnheiten abzugewöhnen,

der kann das auch in Begleitung und mit einer Gruppe Gleichgesinnter tun. Gemeinsam geht es leichter und ist erfolgversprechender. Deshalb veranstalte ich dazu mehrmals im Jahr eine Gewohnheiten-Challenge, die ich euch ans Herz legen möchte. Unter meiner Anleitung und mit kollektiver Motivation könnt ihr euch nach drei Wochen freuen, eine blöde Angewohnheit los zu sein.

Kurzfristig
Die Idee der Bucket List könnt ihr vielfältig anwenden. Sie ist absolut individuell.
Zum Beispiel könnt ihr euch eine Art Bucket List für einen Jahreszeitraum erstellen. Das ist natürlich am Jahresanfang am sinnvollsten. Was wollt ihr in diesem Jahr alles erleben, verändern oder euch anschaffen? Wie wollt ihr euch bis zum Jahresende entwickelt? Wer wollt ihr in einem Jahr sein? Genauso könntet ihr einen Monatsplan erstellen oder einen anderen Zeitraum wählen, um einen besseren Überblick zu bekommen. Denn was im Business ganz normal ist, kann euch auch im privaten Bereich weiterhelfen. Der Vorteil der kurzfristigen Pläne und Listen ist, dass ihr konkrete Wünsche und Ziele mit zeitlichen Vorgaben versehen könnt und damit direkt aktiv werdet.
Sicherlich ist eine kurzfristig angelegte Liste nicht zum Erfüllen von großen Lebensträumen gedacht. Sie kann zum Beispiel auch ganz kleine Dinge des Alltags beinhalten, die ihr gerne verändern würdet, um ein harmonischeres Leben zu führen. Überlegt, was euch glücklich und zufrieden macht. Denn oft ist es der Alltag, der uns langfristig belastet, weil wir genau die kleinen, liebevollen Dinge nicht tun.
Ebenso könnt ihr aus eurer großen, alles umfassenden Bucket List (bis dass der Tod euch scheidet ;-)) kleine Auszüge für kürzere Zeiträume machen. Ihr zerlegt die große Liste damit in Etappen. Das ist natürlich hilfreich, wenn ihr genau wisst, wann ihr was erreichen wollt.

Langfristig

Die langfristige Bucket List sollte wirklich ALLES enthalten, was ihr euch wünscht. Gemeinsame Träume und Ziele für die Zukunft sind wichtig als Wegweiser.

Dabei sind die Punkte auf der Liste natürlich nicht in Stein gemeißelt. Das heißt, wenn sich an euren Ideen und Träumen etwas ändert, dann sollte das auch auf der Liste festgehalten werden.

Im Gegensatz zu den kurzfristigen Planungen dient die Bucket List dazu, eure Träume nicht in Vergessenheit geraten zu lassen. Während die Jahreslisten konkret sind, enthält die lange Liste auch vage Ideen und Visionen. Sie ist außerdem niemals wirklich fertig. Sie kann ständig überarbeitet und ergänzt werden.

Was mache ich mit der Bucket List ?

Geschrieben und nun ab in die Schublade...? Das wäre wahrscheinlich nicht sehr sinnvoll. Die Bucket List soll euch durch euer Leben begleiten. Das Gedankenmachen, Träumen und Aufschreiben ist sozusagen nur der Anfang. Dann dürft oder solltet ihr mit der Bucket List arbeiten. Oder, wenn das Wort arbeiten hier eher stört – die Liste mit euren Wünschen ist ja etwas Schönes –, dann betrachtet sie als euren Kompass, der euch in den Wirren des Alltags hilft und euch den Weg in euer ganz persönliches Glück weist. Die Liste ist sozusagen euer individueller Fahrplan. Und den solltet ihr immer zur Hand haben. Deswegen gibt es verschiedene Möglichkeiten, was ihr nun tun könnt, damit euch eure Träume so oft wie möglich wieder in den Sinn kommen.

Formen der Bucket List
Fortlaufende Liste

Zuerst schreibt ihr eine Liste, die alle Wünsche enthält, die euch eingefallen sind. Das tut ihr am besten handschriftlich, da das richtige Aufschreiben per Hand eine andere psychologische und manifestierende Wirkung hat. Wenn ihr eure Liste am Computer erstellt, dann druckt sie euch bitte aus. Wichtig ist nur, dass ihr sie am Ende auch in den Händen haltet.
Ihr könnt eure Liste hübsch ausschmücken und gestalten, indem ihr mit verschiedenen Farben arbeitet. Zum Beispiel könnten eure großen Lebensträume in einer anderen Farbe sein und ganz oben stehen. Vielleicht

werden sie auch noch mit einem Herzchen versehen. Euren Ideen sind dabei keine Grenzen gesetzt.

Ihr könnt euch Kategorien überlegen, unter denen ihr eure Wünsche eintragt. Vielleicht nutzt ihr dafür die verschiedenen Lebensbereiche oder wie wichtig euch etwas ist oder bis wann ihr es erreicht haben wollt.
Es gibt kein Richtig oder Falsch. Wichtig ist, dass sie euch auch optisch gefällt, sodass ihr gerne darauf schaut.

Jahresübersicht

Wenn eure Liste sehr lang und dadurch vielleicht unübersichtlich geworden ist, dann könnt ihr daraus auch Jahresübersichten anfertigen. Überlegt euch, welche Wünsche euch so wichtig sind, dass ihr sie so schnell wie möglich erreichen wollt. Oder ihr denkt darüber nach, was momentan wirklich realistisch ist. Dann schreibt ihr eine kleinere Liste für das aktuelle bzw. das kommende Jahr. Der Jahresplan enthält sozusagen eure Jetzt-Wünsche.
Das kann dazu führen, dass ihr mehr motiviert seid, tatsächlich schneller loslegt mit der Umsetzung und dadurch den ein oder anderen Wunsch schneller erreicht.
Aufpassen solltet ihr allerdings, dass ihr die großen Wünsche dann nicht aus den Augen verliert, weil sie euch noch nicht machbar erscheinen und damit auf keiner Jahresliste landen. Also denkt in jedem Fall darüber nach, ob ihr vielleicht bereits einen ersten oder weiteren Schritt in Richtung eurer Lebensträume mit übernehmt.

Blatt mit Grafiken und Symbolen

Besonders für Jahrespläne hat es sich bewährt, eine schöne Übersicht mit Grafiken und Symbolen zu gestalten. Das macht es nicht nur übersichtlicher, sondern im wahrsten Sinne des Wortes auch anschaulicher. Auch dabei sind eurer Fantasie keine Grenzen gesetzt. Sollten andere die Idee hinter dem Symbol nicht erkennen, spielt das keine Rolle. Manchmal ist das sogar ganz gut so. Es geht darum, dass ihr wisst, was gemeint ist.

Das Erstellen einer Jahresübersicht mit Grafiken geht am einfachsten am Computer. Es gibt in allen gängigen Schreibprogrammen Symbole oder Cliparts zum Einfügen in das Dokument. Wer gerne malt oder zeichnet, kann natürlich auch selbst kreativ werden.

Vision Board

Was ist ein Vision Board? Ein Vision Board wird auch Zielcollage oder Traumcollage genannt. Es ist eine Collage aus Bildern und Stichworten, die für unsere Träume und Visionen stehen.

Wofür das Ganze? Der Mensch denkt in Bildern. Wenn du dir etwas Schönes vorstellst, siehst du es vor deinem inneren Auge. Du siehst nicht die Schrift, also das geschriebene Wort „Traumreise", sondern den Strand mit Palmen und Surfern. Ein Vision Board dient somit zur Visualisierung, sodass du deine Ziele immer bildlich vor Augen hast.

Visualisierung kann enorme Kräfte freisetzen. Zahlreiche Studien haben diesen positiven Effekt inzwischen nachgewiesen. Verantwortlich dafür sind zwei Entdeckungen der Neurowissenschaft: die Spiegelneuronen und das Prinzip der Resonanz. Wenn du einen Menschen gähnen siehst, musst du automatisch auch gähnen. Wenn dich jemand anlächelt, lächelst du zurück. Oder wenn du siehst, wie ein kleines Kind hinfällt, empfindest du Mitgefühl. Das heißt, das was du siehst, löst in dir selbst ein Gefühl aus, obwohl es dich in dem Moment gar nicht betrifft.

Genauso verhält es sich mit dem Anblick von Bildern. Das Gesehene löst in dir Emotionen aus. Diesen Effekt kann man sich mit einem Vision Board zunutze machen. Wenn du den tollen Strand ansiehst, dann wirst du positive Gefühle empfinden. Du freust dich bereits jetzt auf die Reise, siehst dich schon dort liegen und spürst die Sonne auf deiner Haut prickeln. Du gehst sozusagen mit dem Bild in Resonanz. Das motiviert dich einerseits, ins Tun zu kommen. Andererseits hilft dir das Gesetz der Anziehung beim Erreichen deiner Ziele.

Außerdem hat die Wissenschaft herausgefunden, dass das Gehirn bis ins hohe Alter veränderbar ist. Erfahrungen und Eindrücke formen das Gehirn.

Synapsen verkabeln sich neu, werden um-, auf- oder abgebaut. Man nennt das Neuroplastizität. Das bedeutet, dass du dein Vision Board dazu nutzen kannst, dein Gehirn auf deine Visionen hin zu programmieren.

Für die Erstellung eines Vision Boards nutzt ihr einfach ein großes Blatt bzw. einen Zeichenkarton. Ich habe für mich die Größe A1 gewählt. Da ist genug Platz vorhanden und die Bilder sind von der Ferne noch gut zu erkennen. Dann sucht ihr Bilder in Zeitschriften, druckt euch welche aus dem Internet aus oder nutzt eigene Fotos. Auch einzelne Stichworte oder Überschriften eignen sich für das Board. Daraus gestaltet ihr dann eure Collage.

Ich kenne Leute, die ihr Vision Board gern am Computer gestalten. Das hat Vor- und Nachteile. Man benötigt weniger Material und Vorbereitung und hat eventuell viele Fotos direkt auf dem Computer. Es ist also weniger Bastelarbeit. Den großen Nachteil sehe ich darin, dass man das Blatt dann ausdrucken muss. Und wer kann schon in einem so großen Format drucken? Deswegen bevorzuge ich die konservative Methode. Und das, obwohl ich überhaupt kein Freund von Basteleien bin.

Wer sein Vision Board gerne unter Anleitung machen möchte und sich ein wenig Inspiration dazu wünscht, der kann gern an meinem Workshop teilnehmen, der immer mal wieder im Jahr stattfindet.

Platz für die Bucket List

Die Liste solltet ihr an einem Ort aufbewahren, wo sie nicht in Vergessenheit geraten kann. Das könnte zum Beispiel dort sein, wo ihr auch eure wichtigsten Unterlagen aufbewahrt.

Damit meine ich nicht alte Zeugnisse und Versicherungspolicen, sondern vielleicht euer Tagebuch, Dankbarkeitsbüchlein oder euren Reisepass. Also dort, wo ihr auch hin und wieder einmal hineinschaut oder hingreift.
Noch besser wäre es, wenn ihr eure Liste als Grundlage für eine Visualisierung nutzt. Dann habt ihr nämlich nicht nur das unübersichtliche Blatt mit Schrift hin und wieder vor Augen, sondern könnt die bebilderte Version irgendwo aufhängen.
Eine Jahresübersicht findet einen guten Platz in der Küche oder an einer Stelle, wo ihr öfters einmal vorbeigeht oder davorsitzt – vielleicht sogar im Badezimmer gegenüber der Toilette. Eurer Fantasie sind da keine Grenzen gesetzt. Der Effekt dabei ist, dass euer Blick automatisch immer wieder darauf fällt. So werdet ihr immer wieder an eure schönen Ziele erinnert.
Ein Vision Board hängt man am besten ins Schlafzimmer. Wenn ihr es vom Bett aus sehen könnt, dann wacht ihr quasi jeden Morgen damit auf oder lasst euch von den Bildern in den Schlaf begleiten. So finden sie nach und nach den Weg in euer Unterbewusstsein.

Nutzung der Bucket List

Eine Bucket List zu erstellen macht Spaß, bringt euch näher zusammen, lässt euch ins Gespräch kommen, sorgt für Inspiration und Vorfreude.
ABER die Liste nur zu entwerfen und dann irgendwo in einer Schublade verschwinden zu lassen, nützt nicht wirklich viel. Wichtig ist, sie auch zu nutzen. Schließlich sollen ja die Wünsche und Träume irgendwann Wirklichkeit werden, oder?
Arbeitet mit der Liste! Hakt ab, was ihr erreicht, erlebt oder gekauft habt. Das könnt ihr auch auf der Jahresübersicht tun. Oder ergänzt die Liste, wenn euch weitere, tolle Ideen kommen.

Bei Jahresplänen könnt ihr die noch offenen Punkte ins nächste Jahr übertragen, also auf den Plan fürs neue Jahr einfach übernehmen.
Und auch ein Vision Board kann man nach einiger Zeit überarbeiten. Fotos mit erledigten Dingen könnt ihr entfernen und durch neue ersetzen. Oder aber, wenn sich schon sehr vieles erfüllt hat, ein neues Vision Board anfertigen.
Und schließlich könnt ihr die alten Listen und Pläne (also zum Beispiel eure Jahrespläne) aufheben für Erinnerungen und zur weiteren Motivation. Es macht riesigen Spaß, wenn man später einmal die alten Ziele und Wünsche liest und sich freuen kann, was davon alles schon Realität geworden ist. Das ist ein wenig wie im Fotoalbum zu blättern.

Nichts ist in Stein gemeißelt
Wenn ihr eure Bucket List erstellt, braucht ihr euch damit nicht selbst unter Druck zu setzen. Es gibt natürlich keinen Umsetzungs- oder Leistungszwang und niemand wird später kontrollieren, ob ihr auch wirklich alles „erledigt" habt.
Ihr könnt die Liste jederzeit wieder überarbeiten.
Ihr könnt sie ergänzen, wenn sich mit der Zeit neue Wünsche ergeben oder später noch etwas aus eurem Unterbewusstsein hochkommt. Und natürlich könnt ihr auch Dinge streichen, wenn sie euch irgendwann nicht mehr erstrebenswert erscheinen.
Deswegen scheut euch nicht, wirklich alle Ideen auf der Liste festzuhalten, bevor sie irgendwann wieder in Vergessenheit geraten.

Die Bucket List erstellen

Der geeignete Rahmen
Eure Bucket List erstellt ihr nicht einfach so nebenbei. Mal fix beim Autofahren, Spazierengehen, beim Fernsehen oder während des Abendessens wird das nichts Halbes und nichts Ganzes. Immerhin soll die Bucket List eine Planung für euer Traumleben sein. Und dafür lohnt es sich allemal, ein wenig Zeit, Fokus und Bewusstheit zu investieren. Denn du kennst bestimmt den Spruch:

„Man erntet, was man sät."

Genauso verhält es sich mit deinem Leben. Erst einmal muss ich wissen, was am Ende herauskommen soll. Dann kann ich mit den geeigneten Vorbereitungen beginnen, die Saat einbringen, das Sprießen der Pflänzchen aufmerksam verfolgen, für eine gute Pflege sorgen und dabei die richtigen Mittel verwenden und eventuelle Störungen wie Schädlinge und Krankheiten beseitigen, damit am Ende eine prächtige Pflanze mit reicher Ernte oder strahlender Schönheit entsteht.
Um also das „Wie" zu wissen, darfst du erst einmal das „Was" für dich

festlegen.
Und das darf so richtig viel Spaß machen. Wünschen, träumen, visionieren, sich schon vorab auf etwas freuen, über Ideen und Möglichkeiten reden – das geht am besten dort, wo man sich wohlfühlt.
Vielleicht eignet sich ein gemütliches Plätzchen mit Kerzenschein, eurer Lieblingsmusik und einem leckeren Getränk dafür. Vielleicht sitzt ihr auch in der Natur und lasst euch bereits von dem inspirieren, was ihr gerne tut. Am besten ist es jedenfalls, wenn es wenig Ablenkung von außen gibt.
Deswegen ist wahrscheinlich ein Café oder Restaurant oder der gut besuchte Badesee nicht unbedingt der geeignete Ort. Aber letztendlich ist es eure Entscheidung, wo ihr eure gemeinsame Zukunft kreiert. Wichtig ist nur, dass der Rahmen für euch beide stimmig ist.

Der richtige Moment
Nehmt euch ruhig Zeit für eure Bucket List. Es geht hier nicht um einen Wettbewerb. Eher geht es darum, das Fundament für euer zukünftiges Leben zu erstellen. Das kann mehrere Stunden oder sogar Tage dauern, in denen ihr immer mal wieder zusammensitzt und redet.
So viel Zeit habt ihr nicht? Dann lasst euch gesagt sein, dass eine gute Grundlage euch auf dem Weg zum Traumleben jede Menge Zeit spart. Ohne zu wissen, wo man hin will, irrt man oft von links nach rechts, dümpelt so vor sich hin und landet meistens irgendwann im Hamsterrad. In der Partnerschaft beginnt die Unzufriedenheit oder der Streit, weil die eigenen Bedürfnisse nicht beachtet werden. Oder einer von beiden beginnt den Alleingang und der andere bleibt zurück. Und das alles nur, weil man nicht darüber geredet und keinen gemeinsamen Weg geplant hat.
Glaubt mir, es macht riesigen Spaß, über seine Ideen und Wünsche zu sprechen. Seht es als eine Art Paar-Party an. Ihr sollt ja schließlich keinen Vertrag oder ein Abkommen abschließen, sondern eher so etwas wie ein „Fotoalbum" für die Zukunft gestalten.

„Ein Traum, den man allein träumt, ist nur ein Traum.
Ein Traum, den man zusammen träumt, wird Wirklichkeit." (Yoko Ono)

Eine Bucket List zu schreiben, kann man als fortlaufenden Prozess ansehen. Es geht nun zuerst einmal um den Grundstein dafür. Deswegen ist es gar nicht wichtig, ganz perfekt sein und auf Vollständigkeit achten zu wollen. Eure Ziele, Wünsche und Pläne werden sich im Laufe der Zeit sowieso verändern. Also legt einfach los und macht den ersten Schritt!

Los geht's
Der Prozess

Ideensammlung

Ideen zu sammeln ist ein Prozess. Deswegen kann man sich zwar hinsetzen und angestrengt nachdenken. Aber die besten Ideen kommen ja meist irgendwann zwischendurch – unter der Dusche, auf der Toilette, irgendwann nachts im Bett, unterwegs im Auto, bei einem Spaziergang oder wo auch immer. Deswegen mein Tipp: Immer, wenn dir etwas einfällt, dann schreibe es gleich auf oder mach dir ein Memo im Handy. Denn wie oft will man sich etwas merken, und dann ist es doch aus dem Kopf entschwunden. Wie ärgerlich!

Irgendwann wird es dann natürlich Zeit, das Ganze gemeinsam zu besprechen, zusammen zu träumen, zu spinnen und alles aufzuschreiben. Das heißt, jetzt geht's ans Tun! Und das macht richtig Spaß!

Kannst du dich erinnern, wie du als Kind zu Weihnachten einen Wunschzettel geschrieben hast? Du hast einfach herausposaunt, was du gerne haben willst. Ohne darüber nachzudenken, was das kosten könnte oder ob das überhaupt geht.

Jetzt könnt ihr wieder zu Kindern werden: kreativ, verrückt, neugierig, erfinderisch, voller Entdeckerlust.

Wenn ihr mit dem Brainstormen beginnt, dann denkt dabei an alle Lebensbereiche. Vielen fällt zuerst ein, wohin sie gerne einmal reisen möchten. Aber bedenke, dass das nur maximal vier bis sechs Wochen im Jahr sind. Es sei denn, ihr plant eine längere Auszeit zusammen, ein Leben als digitaler Nomade oder wollt einmal auswandern. Dann sind das schon sehr große Ziele oder sogar Lebensträume.

Aber auch die Wünsche für den Alltag oder die Wochenenden, für kleine Erlebnisse, für Dinge, die euch auf bestimmte Dauer begleiten sollen, für konkrete Anschaffungen, für Wohlfühlmomente und dergleichen mehr sind wichtig.

Es nützt euch nichts, wenn ihr zwar tolle Urlaube verbringt, aber in den restlichen 46 Wochen des Jahres nur nebeneinander her lebt, im Stress seid, euch anödet oder streitet, euch langweilt und eure Partnerschaft darunter leidet.

Überlegt also, wie ihr euch im Idealfall euren Alltag vorstellt, was ihr euch von eurer Partnerschaft wünscht, wie euer Leben in fünf oder zehn oder zwanzig Jahren aussehen soll.

Was begeistert dich und euch? Was wollt ihr wirklich? Was wäre der absolute Wunschtraum? Was wolltest du schon immer? Fangt an, groß zu denken!

„Wenn du es dir vorstellen kannst, kannst du es auch machen." (Walt Disney)

Stellt euch folgende Fragen:
Was würde ich mit einer Million Euro machen?
Was würde ich mir wünschen, wenn Geld keine Rolle spielt?
Was würde ich tun, wenn ich nie wieder arbeiten müsste?
Was wäre, wenn alle Verpflichtungen wegfallen?
Was macht mich wirklich glücklich?
Was lässt mein Herz höher schlagen vor Begeisterung?
Was will ich erreichen?

Was würde ich gern tun, wenn ich ohne Angst wäre?
Wen möchte ich gern einmal treffen?
Was, wenn ALLES möglich wäre?
Stellt euch vor, es käme eine Fee mit einem Zauberstab und ihr hättet drei großen Wünsche frei. Welche wären das? Schreibt sie mit auf eure Bucket List, auch wenn sie euch jetzt gerade absolut unmöglich erscheinen.

Alle Lebensbereiche beachten

Wenn ihr beginnt, Ideen zu sammeln, dann denkt dabei an alle Lebensbereiche. Hier ist ein Überblick über die wichtigsten Bereiche mit ein paar Beispielen zur Erläuterung. Eure Themen können jedoch ganz andere sein.

FAMILIE – Wollt ihr in eurem Leben (noch einmal) heiraten, Kinder bekommen oder in der Nähe eurer Enkelkinder leben?

WOHNEN – Möchtet ihr ein Haus bauen oder minimalistisch leben? Träumt ihr von einem Bauernhof oder einer Dachgeschosswohnung in der Großstadt? Wie soll es einmal werden?

UMFELD, FREUNDE – Wer sind eure Freunde? Sind Sie Energiequellen oder rauben sie euch Energie und ihr wünscht euch einen neuen Freundeskreis? Wen wollt ihr zukünftig öfter treffen? Wie soll euer Umfeld aussehen?

FITNESS – Plant ihr, irgendwann einmal gemeinsam einen Marathon zu laufen? Wollt ihr eine Yoga-Ausbildung machen? Was wollt ihr tun, damit ihr fit und vital bleibt?

ERNÄHRUNG – Hat sich das gute Essen, das ihr seit Jahren jeden Abend genießt, inzwischen auf eure Hüften gelegt und ihr wollt zukünftig jedes Jahr fasten? Oder stellt ihr euch vor, einmal für eine gewisse Zeit vegan zu leben?

WELLNESS – Da ihr im Alltag als Hauptgeldverdiener und Familienmanager voll gefordert seid, wünscht ihr euch ein jährliches Wellness-Wochenende zu zweit? Wo soll's hingehen?

FINANZEN – Ihr habt euer Einkommen, aber etwas dazu verdienen würde nicht schaden, um sich etwas mehr Luxus leisten zu können? Was wollt ihr für euren Finanzhaushalt tun? Vielleicht habt ihr auch das Ziel, noch mal richtig zuzulegen oder mit einer genialen Idee Millionäre zu werden?

JOB/BERUF/BERUFUNG – Seid ihr glücklich in eurem Beruf? Könnt ihr euch vorstellen, gemeinsam etwas Neues zu starten, euch vielleicht zusammen selbstständig zu machen? Oder wollt ihr neben euren Jobs eine Pension eröffnen oder ein Online-Business starten? Vielleicht wollt ihr ein Buch über eure gemeinsame, verrückte Lebensgeschichte schreiben? Es ist alles möglich.

SEXUALITÄT – Nach der langen Zeit ist euer Liebesleben nicht mehr wie im ersten Jahr? Das würdet ihr gern ändern? Überlegt, wie ihr neuen Schwung bekommt und wieder mehr Romantik bei euch einzieht!

FREIZEIT – Früher habt ihr mal zusammen musiziert? Oder viele Spiele gespielt? Oder ihr wart jedes Jahr Eisbaden? Los geht's! Was könnt ihr wieder aufleben lassen? Was wollt ihr Neues ausprobieren? Habt ihr schon mal mit Miniabenteuern euren Alltag zum Erlebnis gemacht?

SPIRITUALITÄT – Bisher war keine Zeit dafür oder ihr hattet noch keine Berührung mit dem Thema? Spiritualität muss nicht spooky oder esoterisch sein. Habt ihr euch schon einmal mit der Frage nach dem Sinn eures Lebens beschäftigt? Meditiert ihr hin und wieder? Es gibt viele spirituelle Dinge, die euer Leben enorm bereichern können.

VISIONEN und **LEBENSTRÄUME** – Das sind die großen Wünsche, die ihr noch habt. Das sind die, wo ihr noch gar nicht wisst, wie ihr jemals dort hinkommen sollt. Weltreise, eine berühmte Person treffen, gemeinsam den Mount Everest bezwingen... euren kühnsten Träumen sind keine Grenzen gesetzt.

Haben, tun und sein

Bei euren Überlegungen könnt ihr übrigens immer in drei Richtungen denken: haben, tun und sein. Das kann euch beim Aufstöbern eurer tief sitzenden Wünsche helfen und inspirieren.

Unter HABEN verstehen sich eure materiellen Wünsche. Wollt ihr einmal in einem schönen Haus wohnen oder euch irgendwann einen Camper kaufen? Was auch immer ihr irgendwann einmal Großes haben wollt, schreibt es mit auf die Liste.
Die Rubrik TUN umfasst alles, was ihr gemeinsam erleben oder auf den Weg bringen wollt. Ihr wollt verreisen oder ein Business gründen? Ihr möchtet anderen Menschen Gutes tun, gemeinsam eine neue Sprache lernen oder Sex in einer Umkleidekabine haben? Wahrscheinlich werden auf eurer Liste überwiegend Aktivitäten stehen. Und das ist gut so!
Aber es gibt auch das Thema SEIN. Vielleicht wollt ihr einmal Millionäre, berühmte Autoren oder gute Eltern sein. Wenn das zu eurer Vision gehört, dann schreibt auch diese Gedanken auf eure Bucket List.
Einen kleinen Gedanken von mir persönlich möchte ich an dieser Stelle noch loswerden. Natürlich ist überhaupt nichts Verwerfliches daran, wenn man in einem schicken Haus wohnen, ein tolles Auto fahren oder mit einer großen Yacht über die Meere segeln möchte. Allerdings verlieren materielle Dinge relativ schnell an Wert. Schöne Erlebnisse und Erfahrungen bleiben für immer!

Ideensammlung getrennt
Zuerst ist es sinnvoll, wenn ihr euch unabhängig voneinander Gedanken macht. Schau in dein tiefstes Inneres!
Du wolltest schon immer mal auf eine große Reise gehen, eine Auszeit nehmen und für ein Jahr um die Welt jetten? Erst hattet ihr kein Geld dafür? Als ihr dann eine Familie gegründet habt, wurde die Idee in deinem tiefsten Inneren vergraben, denn mit den Kindern und euren Jobs war das absolut undenkbar? Ein großer Traum, der in weite Ferne gerückt ist. Dennoch gehört er noch immer zu deinen Herzenswünschen. Dummerweise ist dein Mann inzwischen so viel beruflich eingespannt, dass er keinesfalls für so lange Zeit weg könnte. Was tun?
Hast du auch so einen Traum, der dich schon durch dein halbes Leben begleitet und dennoch unerfüllbar zu sein scheint?

SCHREIB IHN AUF! Alles, was du schon immer mal tun wolltest, unabhängig von deiner Familie, kannst du aufschreiben. Oft blockieren wir uns mit dem Gedanken selbst, dass etwas sowieso nicht geht. Vielleicht findet dein Göttergatte die Idee ja ganz smart oder erinnert sich selbst wieder an den ursprünglichen Wunschgedanken. Darüber zu reden kann Wunder bewirken. Denn du kennst ja den alten, aber sehr wahren Spruch:

Wo ein Wille ist, ist auch ein Weg.

Brainstorming gemeinsam

Irgendwann wird es Zeit, dass ihr es euch gemeinsam gemütlich macht und eure Wünsche und Träume zusammentragt.
Vielleicht hat auch einer von euch beiden selbst wenig Ideen oder ihr habt beschlossen, dass ihr gleich gemeinsam brainstormen wollt, dann ist das auch okay. Möglicherweise braucht ihr dann ein wenig länger, um euch erst „einzuträumen".
Jetzt kommt es ganz auf eure Persönlichkeiten an. Es gibt Paare, wo ein Partner eher der Kreative und der Macher ist, der vor Ideen nur so sprüht, und der andere derjenige, dem nicht so viel einfällt, der aber alles mitmacht.
Wenn du bei euch der Macher bist, dann ist es wichtig, dass du deinen Partner nicht unter Druck setzt. Sätze wie „Nun sag doch auch mal was" helfen hier wahrscheinlich nicht weiter. Vielleicht ist er es nicht gewohnt, über seine Wünsche zu sprechen. Dann motiviere ihn lieber mit deinen charmanten Ideen und Vorstellungen. Wenn du so richtig begeistert bist, lässt er sich vielleicht aus der Reserve locken.
Bist du eher der Zurückhaltende, dann versuche bitte, dein Gegenüber nicht auszubremsen, auch wenn die überschäumende Energie dich fast

erschlägt.

Schreibt zuerst ALLE Ideen auf, auch wenn euch beim Aussprechen bereits ein „aber" auf den Lippen liegt, das die Vision von Vornherein zunichte macht. Selbst, wenn euch etwas noch unerreichbar erscheint, lasst es auf der Liste stehen, wenn euer Herz dabei höher schlägt.

Was tun bei unterschiedlichen Meinungen?

Aus dir sprudelt es heraus, du bist begeistert von deiner Idee, und dein Partner verzieht nur das Gesicht? Prinzipiell sollten auf der Bucket List alle Ideen berücksichtigt werden. Natürlich liegt der Fokus auf den Dingen, die ihr gemeinsam erleben und erreichen wollt.

Redet über eure Ideen. Sollte einer von beiden einen Wunsch absolut nicht teilen, dann gehört er nicht unbedingt auf eure gemeinsame Liste. Was ich empfehle, ist, dass sich sowieso jeder Mensch eine eigene Bucket List machen sollte. Dort können und sollen dann alle deine Wünsche stehen.

Auf der Paar-Bucket List sind nur die Dinge angebracht, die euch als Paar weiterbringen und glücklich machen. Handelt es sich jedoch nur um eine Kleinigkeit, eine kurzfristige Idee, und nicht um einen großen Traum, dann ist das eine gute Möglichkeit, seinem Partner einen Wunsch zu erfüllen und über seinen eigenen Schatten zu springen, auch wenn es dich nicht total vom Hocker reißt. Kompromisse in kleinen Dingen bringen euch näher. Und wer weiß, vielleicht findest du ja sogar Spaß daran. Bestimmt ist in diesem Fall dein Partner ebenso bereit, dir bei deinen „Schnapsideen" entgegenzukommen.

Was, wenn alles möglich wäre

Denkt bei euren Überlegungen auch an Dinge, die euch im Moment noch unmöglich erscheinen. Fangt an, richtig groß zu denken! Das macht nämlich erst so richtig Spaß. Vielleicht fallen dir so „absurde" Sachen ein, wie den Präsidenten der Vereinigten Staaten zu treffen oder den Dalai Lama oder deinen Lieblingsschauspieler. Vielleicht möchtest du einmal mit deinem absoluten Top-Sänger gemeinsam auf der Bühne stehen oder selbst in einer TV-Sendung auftreten.
Schreib es alles mit auf! Wer weiß, ob sich nicht Wege und Möglichkeiten finden.

„Wer etwas will, findet Wege. Wer etwas nicht will, findet Gründe." (Dalai Lama)

Dazu kurz eine Story von mir selbst. Im April 2019 hatte ich tatsächlich das Glück, Barack Obama persönlich zu treffen. Noch zwei Monate zuvor hätte ich das nicht geglaubt, wenn es mir jemand erzählt hätte. Aber plötzlich erfuhr ich von einer Veranstaltung mit der Möglichkeit, den ehemaligen Präsidenten der USA hautnah zu erleben, wenn man ein VIP-Ticket ergattern könnte. Mein Freund und ich zögerten nicht lange. Der Preis war es uns wert. Wenige Wochen später war es soweit. Die Aufregung war groß. Und dann stand er vor uns – Barack Obama. Wir hatten nicht viel Zeit mit ihm, nur etwa eine Minute. Aber er hat uns die Hand gereicht, uns gefragt, wie es uns geht und wir führten einen ganz kurzen Small Talk. Dann wurde ein Foto von uns dreien geknipst. Ich war zutiefst beeindruckt von diesem charismatischen, freundlichen und herzlichen Menschen. Der Moment ist für mich unvergesslich geworden.

Ohne Wenn und Aber

„Aber das geht doch sowieso nicht!" oder „Das können wir uns nie leisten!" oder „Das geht erst, wenn die Kinder groß sind" werden vielleicht die ersten Gedanken sein, wenn ihr grenzenlos denkt. Das heißt, ihr habt einen unglaublich großen Traum und begrenzt euch mit diesen Sätzen, die in euch hochkommen, sofort wieder. Dabei könnt ihr heute noch gar nicht wissen, wie fantastisch sich euer Leben einmal entwickeln wird, welche glücklichen Umstände plötzlich eintreten oder welche erstaunlichen Zufälle sich ereignen werden. Und manche Möglichkeiten können sich sogar ganz fix ergeben.
Deswegen verbanne bitte das Wort ABER aus deinem Wortschatz. Mit jedem „aber" legst du dir nämlich nur selbst einen Stein in den Weg.

Hilfsmittel

Du setzt dich zu Hause hin und willst deine Ideen, Wünsche und Träume aufschreiben, aber irgendwie fällt dir auf Anhieb gar nichts ein? Dann lass dich inspirieren!
Es gibt ein paar Methoden, die dich dabei unterstützen können, deinen innigsten Sehnsüchten, Wünschen und Visionen auf die Spur zu kommen. Du musst nicht alle anwenden. Jeder Mensch ist anders und spricht auf verschiedene Impulse an. Probiert es aus und findet heraus, was jedem von euch am besten hilft.

Träumen

Tatsächlich kannst du dich einfach an einen schönen Ort setzen, die Augen schließen und anfangen zu träumen. Als Kinder haben wir das alle gemacht. Warum erlauben wir es uns als Erwachsene nicht mehr? Vielen sehen es als „vertane Zeit" an. Dabei ist Träumen nicht nur ein wundervolles Mittel zur Entspannung, sondern auch zur Motivation, Ideen- und Wegefindung und um sein Unterbewusstsein positiv zu beeinflussen.

Wenn es dir zu komisch vorkommt, dich träumend zu Hause auf die Couch zu setzen, dann kannst du das auch in der Natur auf einer Wiese tun, im Garten in der Hängematte, in der Sauna beim Entspannen, in der Badewanne oder morgens bzw. abends im Bett. Ich bin mir sicher, du findest einen tollen, ruhigen, geborgenen Ort zum Träumen.

Bewegung in der Natur

Das Herumsitzen und krampfhaft Nachdenken ist nicht so deins? Dann brauchst du vielleicht Bewegung.
Ich kenne das von mir selbst. Wenn ich allein unterwegs bin, kommen mir die besten Ideen. Entweder beim Joggen, Spazierengehen oder beim Radfahren. Dummerweise vergesse ich die Dinge dann oft wieder, bis ich zu Hause bin. Also empfiehlt es sich, ein Handy mit Diktierfunktion dabei zu haben. So kannst du jeden Gedanken, der dir ins Gedächtnis kommt, sofort festhalten.

Meditation

Ich bin ein großer Freund von Meditationen. Meditation hat nichts mit Hokuspokus oder Esoterik zu tun. Die positiven Effekte des Meditierens wurden mehrfach wissenschaftlich nachgewiesen.
Ich selbst liebe es, mich in geführten Meditationen zu meinen Wünschen und Visionen hinleiten zu lassen. Es ist unglaublich, was einem da alles aus dem Unterbewusstsein ins Bewusstsein geholt werden kann. Gerade für Anfänger sind geführte Meditationen eine gute Variante, da sie einfach durchzuführen sind und schnell entspannen.
Du kannst aber auch für dich allein meditieren, ohne dass dich dabei jemand anleitet. Wie auch immer, Meditation hat eine Menge positiver Auswirkungen. Sie fördert zum Beispiel deine Kreativität, schärft deinen Fokus, reduziert Stress und kann insgesamt zu besserer Stimmung beitragen.

Wenn du selbst meditierst, wirst du wissen, was ich meine. Wenn du noch nie meditiert hast, möchte ich dir heute ans Herz legen, es einmal auszuprobieren. Im Internet finden sich jede Menge geführter Meditationen.

Spiele

Um eure Kreativität anzuregen, hilft es, die richtigen Fragen zu stellen. Dazu gibt es auf dem Markt zahlreiche Spiele.
Von Vertellis, einem kreativen, jungen Team aus den Niederlanden, gibt es eine Reihe von Kartenspielen mit Fragen zur Selbstreflexion und Achtsamkeit. Von ihrem ersten Spiel war ich gleich so begeistert, dass ich es anschließend mehrfach bestellt und an meine Kinder und Freunde verschenkt habe. Inzwischen gibt es davon auch die Partneredition für Paare.

Gespräche

Ein richtig gutes Hilfsmittel zur Ideenfindung ist es, mit anderen zu reden. Frage zum Beispiel deine Eltern und Geschwister, was du als Kind immer gerne getan hast oder tun wolltest. Manchmal gerät das in unserem Alltag einfach in Vergessenheit oder ist irgendwo in unserem tiefsten Unterbewusstsein vergraben, zu dem wir momentan keinen Zugang finden. Gespräche mit Familienmitgliedern oder auch alten Freuden können dir helfen, dich wieder zu erinnern.

Kommunikation
Seid nett zueinander!
Manchen Menschen fällt es schwer, sich anderen zu öffnen, selbst dem Partner gegenüber. Sie haben in der Kindheit gelernt, dass ihre eigenen Wünsche keine Rolle spielen, sondern man im Leben einfach funktionieren muss. Wenn es deinem Partner genauso geht, dann helfen ihm motivierende Worte besser als ein „Nun sag doch auch mal was".

Wenn dir dein Schatz dann seine geheimsten Wünsche offenbart, die er vielleicht noch nie jemandem erzählt hat, dann ist es wichtig, dass du diese respektierst. Niemand sollte für seine Wünsche und Träume ausgelacht werden. Wenn du dich über die Offenbarung deines Gegenübers lustig machst, zeigt das nur deine eigene Begrenzung.

Teil 2

Ideen für eure Bucket List

Viele Menschen tun sich schwer, ihre Träume aufs Papier zu bringen. Während Kinder das noch ganz gut können, erlauben wir Erwachsenen uns nicht mehr zu träumen – oft mit der Ausrede, wir hätten keine Zeit dafür.

Andere wiederum kommen sich komisch vor, ihre Zeit mit Nichtstun und Träumen zu „verschwenden". Das gehört sich doch schließlich nicht!

Und wenn man dann doch vor seinem Blatt Papier sitzt, dann fällt einem einfach nichts ein. Nach drei bis fünf Punkten ist der Ideen-Vorrat erschöpft.

Aus diesem Grund habe ich dir als Anregung meine Vorschläge zusammengestellt. Diese können jedoch maximal als Anstoß für deine eigenen Gedanken dienen. du sollst also nicht meine Punkte abarbeiten und denken, dass euch das als Paar etwas nützt. Nein! Auf eure Liste gehören eure eigenen Wünsche und Träume. Aber vielleicht fällt euch ja beim Durchstöbern auf, dass ihr über genau das oder etwas ganz Ähnliches auch irgendwann schon mal gesprochen habt, es aber im Laufe der Zeit in Vergessenheit geraten ist. Möglicherweise findet ihr auch einige Dinge, von denen ihr noch nie gehört habt, wo ihr aber sofort sagt: Ja, genau so etwas wollen wir auch.

Je nachdem, zu welchem Typ ihr beide gehört, sind einige Ideen möglicherweise auch nichts Neues für euch. Ich glaube aber, es sind dennoch genug Anregungen für jedes Paar dabei.

Ebenso geht es hier nicht um Vollständigkeit. Wenn ihr komplett andere Vorstellungen habt, ist das vollkommen in Ordnung.

Bei meinen Vorschlägen findet ihr keine konkreten Veranstaltungen, Reiseziele o.ä., sondern nur Anregungen zu gemeinsamen Aktivitäten. Diese beziehen sich überwiegend auf Dinge, die euer tägliches Leben bereichern können. Ich habe außerdem darauf geachtet, dass diese für alle machbar sind.

Also lasst euch inspirieren! Viel Spaß beim Schmökern!

Kostenlos

Romantik pur

1 Kennenlerntag nachspielen

Wie habt ihr euch kennengelernt? Bestimmt könnt ihr euch noch gut daran erinnern. Spielt doch diesen Tag und euer erstes Date einmal nach. Vielleicht wisst ihr noch, welche Sachen ihr damals getragen habt? Existiert davon noch etwas? Wenn nicht, dann kleidet euch im ähnlichen Look wie an diesem Tag. Schon allein das ist lustig. Besucht den Ort, wo ihr euch getroffen habt und versetzt euch noch einmal in diesen aufregenden Moment. Fühlt euch wie frisch verliebt.

Ihr wohnt inzwischen weit entfernt vom Ort des Geschehens? Dann findet ihr vielleicht eine ähnliche Location in eurer Nähe. Den Rest denkt ihr euch einfach dazu. Wichtig seid ihr zwei und eure Erinnerung, die ihr so noch einmal auffrischen könnt.

2 Im Bett frühstücken

Bist du schon mal mit einem Frühstück im Bett verwöhnt worden? Das ist etwas Traumhaftes. Du wirst sanft von aromatischem Kaffeeduft geweckt und bekommst dein Lieblingsfrühstück direkt neben dich serviert. Dazu eine gute Aufwachmusik und dein Schatz legt sich dazu. Himmlisch!
Verwöhne doch deinen Liebsten oder deine Liebste auch mal mit einem Frühstück im Bett. Er wird nicht nur überrascht sein, sondern sich garantiert von ganzem Herzen freuen. Oder ihr plant das einfach für einen grauen Regentag oder einen für euch besonderen Tag gemeinsam. Das Frühstück schmeckt dann genauso gut und ist im Bett etwas Besonderes.
Du magst keine Krümel im Bett? Lass dich mal einen Tag fallen und vergiss den Perfektionismus. Die Krümel kann man im Nachhinein ganz leicht beseitigen. Fokussiere dich auf den schönen Moment und die besondere gemeinsame Paarzeit. Vielleicht trinkt ihr ja zum Frühstück ein Gläschen Sekt und bleibt danach noch ein wenig im Bett…

3   Liebesschloss an Brücke anbringen

Kennt ihr den Brauch mit den Liebesschlössern, die man an Brücken hängt? Vielleicht habt ihr die Schlösser zumindest schon einmal hängen sehen. Die Herkunft des Brauches ist nicht ganz geklärt. Vermutlich liegt der Ursprung in Italien. Zumindest wurde die schöne Tradition populär durch den Roman „Drei Meter über dem Himmel" und dessen Fortsetzung „Ich steh auf dich", die später auch verfilmt wurden.

Das Vorhängeschloss wird von Verliebten üblicherweise an einem Brückengeländer befestigt und der Schlüssel ins Wasser geworfen. Somit soll die ewige Liebe besiegelt werden, wobei die Brücke zusätzlich als verbindendes Element gesehen wird. Oft werden in das Schloss die Namen eingraviert, manchmal auch noch eine Jahreszahl.

Besorgt euch doch auch ein Liebesschloss und sucht euch eine Brücke an einem Ort, den ihr besonders schön findet oder der für euch eine besondere Bedeutung hat. Egal, ob ihr verheiratet seid oder nicht, so könnt ihr eure Liebe erneut besiegeln.

4 Dem anderen ein Gedicht schreiben

Das ist wohl Romantik pur. Ganz gleich, ob zum Geburtstag, Valentinstag oder einfach mal so, ein Gedicht von deinem Partner überreicht oder aufgesagt zu bekommen, ist ein ganz besonders rührendes Erlebnis. Und auch für denjenigen, der die gefühlvollen Zeilen schreibt, ist es ein sehr tiefgreifendes Geschehen. Er möchte dir mit dem Gedicht etwas Wichtiges sagen. Er möchte seine Gedanken und Gefühle transportieren, dir schmeicheln, das Ganze in Worte und eventuell Reime fassen oder auch einfach mal danke sagen. Dazu gehören Kreativität, Ehrlichkeit, Liebe und vielleicht auch ein wenig Mut.
Probiere es doch einmal aus und versuche, ein Gedicht für deinen Partner zu schreiben. Es muss nicht perfekt sein, sondern authentisch und von Herzen kommend. Eine bleibende, niedergeschriebene Liebeserklärung ist etwas Wunderschönes.

5　Schokoladenfondue

Hmmm, ein köstliches, duftendes Fondue aus Schokolade, dazu verschiedene Früchte, Kerzenschein, ruhige Musik – und schon ist der gemütliche Nachmittag im Winter garantiert. Ein Schokoladenfondue schenkt euch Geborgenheit, weil es an die eigene Kindheit erinnert und damit ein Gefühl von Familie vermittelt. Also genau das Richtige für euch.
Man braucht dazu auch gar kein extra Fonduegerät. Ich habe auch nie eines besessen und dennoch jedes Jahr mindestens ein Schokoladenfondue gemacht. Einfach Kuvertüre oder eine Schokolade eurer Wahl in eine Schüssel zerbröckeln. Die Schüssel in einen Topf mit wenig heißem Wasser stellen und im Wasserbad schmelzen lassen. Währenddessen Obst eurer Wahl zerkleinern und auf dem Tisch schön anrichten. Die Schüssel mit der geschmolzenen Schokolade auf einen Untersetzer stellen, das Obst in die Schokolade tauchen und genießen. Guten Appetit und einen schönen Nachmittag!

6   Liebes Post-it's in der Wohnung verteilen

Eine sehr schöne Idee, um deinen Schatz zu überraschen, sind Post it's mit Liebesbotschaften. Beschrifte die kleinen Klebezettel mit allem, was du deinem Partner Schönes sagen möchtest – dass du ihn liebst, was du an ihm schätzt, worauf du dich mit ihm freust... deiner Fantasie sind dabei keine Grenzen gesetzt. Dann verteile die Zettelchen in der ganzen Wohnung, wo er oder sie sie nach und nach findet. Klebe sie zum Beispiel an den Spiegel, an Türen, den Computer, auf den Tisch, an die Kaffeetasse, die Balkontüre usw.
Die Botschaften aufzuschreiben und auf diese Art und Weise zu übermitteln, das ist eine hervorragende Variante für Menschen, die sich scheuen, solche Dinge auszusprechen. Aber auch für alle anderen sind sie einfach mal eine andere schöne Geste, die deinen Liebsten bestimmt erstaunt.

7   Bed of roses

Noch romantischer als die Post it's und natürlich einen Hauch intimer ist ein Bett geschmückt mit duftenden Rosenblättern. Du möchtest deinem Partner eine aufregende Nacht bescheren? Du willst ihm eine richtig unvergessliche Überraschung bereiten? Oder du selbst wünschst dir mal wieder einen richtig leidenschaftlichen Abend? Dann verteile in eurem Bett eine Handvoll Rosenblätter – oder auch mehr. Zum Beispiel kannst du auf dem Kopfkissen ein Herz aus Rosenblättern legen. Glaub mir, das schlägt ein wie ein Blitz. Da wird dein Partner kaum noch widerstehen können. Wenn dann noch ein Gläschen Sekt oder ähnliches bereitsteht, hat euer Liebesleben eine gute Chance auf einen Quantensprung.

8 Gemeinsam duschen

Vielleicht denkt ihr jetzt, dass das doch nichts Besonderes ist, gemeinsam zu duschen. Es stimmt. Zu Beginn einer Beziehung tun das viele Paare. Aber wie lange hält das an? Natürlich ist es kein außergewöhnliches Erlebnis, an das ihr noch Jahre lang zurück denkt. Aber vielleicht denkt ihr nach Jahren wehmütig daran zurück, dass ihr es mal getan habt, das gemeinsame Duschen. Inzwischen geht jeder zu einer anderen Zeit ins Bad und vielleicht auch ins Bett. Außerdem ist in der Dusche sowieso nicht so viel Platz, dass ihr es zusammen richtig bequem habt. Aber genau darum geht es ja. Am Anfang war es doch auch egal, wie wenig Platz ihr hattet...

Tut es hin und wieder ganz bewusst. Back to the roots! Gemeinsam Duschen wird euch nicht nur an eure Anfangszeit erinnern, sondern euch auch körperlich wieder näher bringen.

9 Lagerfeuer zu zweit

Es klingt so simpel und das ist es auch. Ein Lagerfeuer zu zweit ist immer wieder romantisch. Vielleicht habt ihr einen Garten oder in euer Nähe einen Platz in der Natur, an dem es erlaubt ist, ein Feuer anzuzünden. Manchmal ist das an Grillplätzen möglich. Oder auch direkt an einem See oder Fluss. Gut geeignet ist immer eine kleine Feuerschale. Wichtig: Bitte nicht einfach irgendwo ein Feuer anzünden, wo es einen Brand auslösen könnte. Sorgt für ausreichend Sicherheit und Wasser zum Löschen!
Nehmt euch euer Lieblingsgetränk und genießt das flackernde und knisternde Holz. Wenn ihr euch lange Stöcke besorgt, könnt ihr daran Stockbrot backen. Den Teig dafür bereitet ihr zu Hause vor. Das Rezept ist ganz einfach und im Internet zu finden. Oder ihr spießt Bockwürste auf die Stöcke, schnitzt mit dem Messer ein kleines Muster darauf und brutzelt sie über dem Feuer.
Wenn es später vielleicht etwas kühler wird, kuschelt ihr euch in eine Decke oder aneinander. Oder ihr beobachtet dabei den Sternenhimmel. Vielleicht spielt einer von euch beiden Gitarre, Ukulele oder ähnliches. Dann nehmt das Instrument mit und vervollständigt so das Lagerfeuerklischee. Solche romantischen Abende sind außerdem genial dafür, um gemeinsam zu träumen und Pläne zu schmieden. Auf alle Fälle werden sie euch lange in Erinnerung bleiben.

10 Im Sommer ganz früh aufstehen und den Sonnenaufgang beobachten

Auch wenn ihr vielleicht jeden Morgen früh aufstehen müsst, um zur Arbeit zu gehen, und deswegen am Wochenende gerne ausschlafen wollt. Einmal im Jahr lohnt es sich, auch an einem freien Tag richtig zeitig aufzustehen. Wenn ihr das nicht gerade im Hochsommer macht, dann ist auch die Uhrzeit erträglicher, weil die Sonne später aufgeht.
Wichtig ist ein Himmel, der nicht komplett bedeckt ist. Und dann genießt einmal ganz bewusst den Sonnenaufgang. Geht am besten raus aus dem Haus und sucht euch einen geeigneten Platz dafür. Spürt die kühle Luft und das bezaubernde Farbenspiel der Sonne. Vielleicht wollt ihr eine Thermoskanne mit Kaffee oder Tee mitnehmen. So könnt ihr Romantik schon am frühen Morgen erleben. Und werdet spüren, dass ein frühes Aufstehen wunderschön sein kann. Ein wunderbarer Start in einen zweisamen Tag.

11 Morgens auf einen Berg steigen und zum Sonnenaufgang frühstücken

Ein garantiert unvergessliches Erlebnis ist der Sonnenaufgang auf einem Berg. Falls du nicht gerade Berge in der Nähe hast, dann plane das gerne einmal im Urlaub ein. Hier ist es sinnvoll, das Ganze im Frühjahr oder Herbst durchzuführen. Es ist ein riesiger Unterschied, ob die Sonne bereits um fünf Uhr morgens aufgeht und du gegen drei starten musst oder ob du erst um sechs Uhr los musst, weil der Sonnenaufgang um acht ist.
Zieht euch warme Sachen an, packt euer Frühstückspicknick idealerweise mit einem warmen Getränk ein, nehmt jeder eine Taschenlampe oder besser eine Stirnlampe und los geht's. Die Belohnung auf dem Gipfel fühlt sich dreifach gut an. Erstens habt ihr schon morgens richtig viel „geschafft" und erlebt, das Frühstückspicknick schmeckt nach der Bergbesteigung ganz besonders gut und den Sonnenaufgang dazu mit einem fantastischen Ausblick bekommt man nicht so oft im Leben.

12 Frühstückspicknick am nächstgelegenen See

Ihr wohnt in der Nähe eines Sees oder Flusses? Ihr kommt ohne großen Aufwand zu Fuß oder mit dem Fahrrad dorthin? Oder eine kurze Autofahrt zum Gewässer ist möglich? Dann packt doch am Wochenende einfach mal den Picknickkorb oder den Rucksack und verlegt euer Frühstück direkt nach draußen an den See. Morgens ist es dort noch leer, vielleicht seid ihr sogar allein da. Es ist traumhaft, den Vögeln zu lauschen und mit frischem Kaffeeduft in der Nase die Natur zu beobachten. Ein himmlischer Start in den Morgen, der sich ein wenig wie Urlaub anfühlt.

13 Auf einem Hochsitz Wild beobachten

Liebt ihr Abenteuer? Im Dunkeln stundenlang im Wald zu sitzen? Klingt gruselig, oder? Ist aber ein tolles Erlebnis. Natürlich sollt ihr nicht allein durch den Wald irren wie Hänsel und Gretel. Es gibt die Möglichkeit, gemeinsam mit einem Jäger von einem Hochstand aus Wild zu beobachten. Tatsächlich ist das auch nur in Begleitung eines Jägers erlaubt. Hochstände oder Hochsitze dürfen nicht allein bestiegen werden. Ohne eine ortskundige Person würde ich es auch gar nicht empfehlen, schon um die Gefahr des sich Verlaufens auszuschließen.

Gemeinsam mit dem Jäger wartet ihr auf das einheimische Wild und erfahrt viel Wissenswertes über den Wald und die Tierwelt. Die knarrenden Bäume, rufende Uhus und andere, teils undefinierbare Geräusche, werden euch bestimmt wach halten und vielleicht manchmal einschüchtern. Aber bei einem Jäger werdet ihr euch geborgen und gut beschützt fühlen. Es ist mega spannend, was es abends bzw. nachts im Wald alles zu entdecken, zu hören, zu riechen und erfahren gibt. Lasst euch ein auf dieses Abenteuer. Kuschelt euch zusammen, haltet euch gegenseitig warm und lauscht, was diese Nacht Neues und Unvergessliches für euch bereithält.

14 Eine Nacht mitten in der Woche am See schlafen

Ich liebe Miniabenteuer. Kurze Auszeiten aus dem Alltag draußen in der Natur. Mein Lieblingsabenteuer in jedem Sommer ist eine Nacht unter freiem Himmel am See, und zwar im Alltag, wo andere brav in ihrem Bett schlafen und sich früh zur Arbeit fertigmachen, so wie jeden Morgen.
Brecht doch einmal aus aus diesem tristen Alltag! Habt ihr einen See in eurer Nähe, den ihr per Pedes oder Fahrrad erreicht? Dann übernachtet doch mal eine Nacht am See. In einer lauen Sommernacht ist es traumhaft, abends den Sonnenuntergang und morgens den Sonnenaufgang zu beobachten. Nehmt euch ein Picknick für den Abend mit, genießt eine gute Flasche Wein, schaut in den Sternenhimmel, lauscht den ungewöhnlichen Geräuschen, philosophiert über Gott und die Welt oder ersinnt neue Träume und Visionen.
Mit einer großen Decke zum Darunterlegen, einem Schlafsack für jeden (wenn ihr keine Schlafsäcke habt, tun es auch Decken) und etwas wärmeren Sachen (am See kann es durch die Feuchtigkeit nachts kühl werden) seid ihr gut ausgerüstet. Hilfreich können ein Anti-Mückenspray und eine Taschenlampe sein. Ansonsten braucht ihr dafür nichts weiter außer euch selbst.
Glaubt mir, ihr werdet euch am Morgen fühlen wie neugeboren und ganz anders motiviert in den Arbeitstag starten. Andere werden euch um dieses Erlebnis beneiden!

15   Draußen übernachten

Habt ihr schon einmal unter freiem Himmel übernachtet? Wenn nicht, dann holt das unbedingt nach! Romantik pur!
Verlagert euer Bett einfach nach draußen auf den Balkon oder in den Garten. Natürlich tragt ihr nicht das ganze Bettgestell hinaus. Nehmt euch eine Matte oder auch eure Matratze und euer Bettzeug und macht es euch unterm Himmelszelt gemütlich. So könnt ihr die Sterne beobachten und mit einer Handy-App die Sternbilder bestimmen. Die nächtlichen Geräusche wirken manchmal fremdartig, aber ihr könnt euch auf dem Balkon oder im Garten sicher und geborgen fühlen. Und habt den großen Vorteil, dass ihr jederzeit wieder ins Schlafzimmer umziehen könnt, sollte es zu warm, zu kalt, zu laut, zu hell oder sonst etwas sein.

16   Vögel in der Natur beobachten

Wie oft laufen wir durch die Gegend und interessieren uns nicht für die Natur um uns herum. Nehmt euch doch mal einen Tag Zeit zum Vögel Beobachten. Es gibt Vogelbestimmungsbücher, wo ihr das Aussehen betrachten könnt. Oder nutzt Apps zum Erkennen der Vogelstimmen. Ihr werdet erstaunt sein, wie vielfältig unsere heimische Vogelwelt ist. Ihr werdet dazulernen und die Welt zukünftig ganz anders betrachten. Vielleicht stecken ja sogar zwei Ornithologen in euch!

17 Deinen Partner malen

Als Kinder tun wir es unzählige Male mit Hingabe: malen. Im Erwachsenenalter meinen die meisten, sie könnten es nicht oder aber die Zeit dafür ist nicht vorhanden. Schließlich gibt es ja so viel Wichtigeres zu tun. Verbringt doch mal einen Tag zusammen mit dem Stift oder Pinsel in der Hand! Steht euch gegenseitig Modell und malt euch! Wenn einer von euch meint, er wäre absolut untalentiert im Malen und Zeichnen, dann erlebt er vielleicht eine große Überraschung, wenn der Partner auf dem Papier dem Original gar nicht so unähnlich sieht. Wer weiß, welche verborgenen oder lange verdrängten Talente dadurch ans Licht kommen. Auf jeden Fall ist es eine lustige Sache.
Du bist kreativ und hast schon immer gern gemalt? Dann nutze doch ein Foto von deinem oder deiner Liebsten, male ein Bild von ihm oder ihr, erschaffe ein einzigartiges, persönliches Unikat und schenke es zum nächsten passenden Anlass.

18 Home-Tanzparty zu zweit

Bestimmt habt ihr zu Hause öfters Musik nebenbei laufen. Ein heißer Tipp von mir: Dreht die Musik mal richtig auf, räumt störende Möbel wie Tische und Stühle ein wenig zur Seite und tanzt. Versucht euch in früher gelernten Tanzschritten. Vielleicht habt ihr sogar irgendwann eine Tanzschule besucht und könnt das nun wieder auffrischen. Oder bewegt euch frei wie zur Disco. Hauptsache, es macht so richtig Spaß! Ein kühles Getränk dazu und ihr werdet es bestimmt nicht bei dem einen Tanzabend belassen.

19 Den Tag komplett im Bett verbringen

Tristes Wetter draußen und auch sonst nichts so Wichtiges zu tun? Dann verbringt doch einfach einen ganzen Tag im Bett. Kuscheln, Sex, Lesen, Meditieren, einen Film Schauen, Essen oder Snacken, Reden, Schlafen – eurer Fantasie sind keine Grenzen gesetzt. Genießt die Zweisamkeit und Geborgenheit – und vor allem ohne ein schlechtes Gewissen, weil ihr angeblich nichts Sinnvolles getan habt. Ein gemeinsamer Tag im Bett ist mehr als sinnvoll. Er belebt und festigt eure Partnerschaft.

20 Täglich sagen, was du an deinem Partner magst

Natürlich ist jeder von uns stolz auf seinen Partner und schätzt die meisten seiner Eigenschaften. Sonst wären wir ja nicht mit diesem Partner zusammen. Aber zeigst du deine Wertschätzung auch? Sprichst du sie auch aus?
Wenn du dich regelmäßig fragst, was dir an deinem Partner gefällt, und ihm das auch mitteilst, machst du dir einerseits den Wert eurer Beziehung immer mehr bewusst. Andererseits sorgt das Aussprechen deiner Gedanken und Gefühle auch für ein erhöhtes Selbstwertgefühl bei deinem Partner. Ein absoluter Qualitäts-Booster für eure Partnerschaft.

21 Den Rekord im Küssen aufstellen

Seid ihr leidenschaftliche Küsser? Oder wart es früher einmal? Dann erinnert euch an das schöne Gefühl und beginnt wieder damit. Und ich meine nicht das obligatorische Küsschen zur Begrüßung, sondern wirklich intensives Küssen. Das ist nämlich nicht nur schön und verbindend, sondern auch sehr gesund. Erstens wird bei einem Kuss durch den Austausch von Bakterien das Immunsystem gestärkt. Zweitens lassen leidenschaftliche Küsse den Blutdruck steigen und jagen den Puls in die Höhe, was Kreislauf und Stoffwechsel angeregt und zum Verbrennen von Kalorien führt. Außerdem macht Küssen schön. Bis zu 30 Muskeln in Gesicht und Hals werden dabei angespannt und dadurch die Durchblutung angeregt. Die Haut wird somit strahlender und es entstehen weniger Falten.

Also nehmt euch regelmäßig bewusst Zeit zum Küssen. Stellt euren eigenen Rekord im Küssen auf, den ihr in der Zukunft immer wieder überbieten könnt. Natürlich soll Küssen nicht in Sport oder Leistungsdruck verfallen. Aber hin und wieder den Rekordversuch zu wagen, macht Spaß! Der aktuelle Weltrekord im Küssen liegt übrigens bei 58 Stunden, 35 Minuten und 58 Sekunden. Er wurde 2013 von einem thailändischen Ehepaar aufgestellt.

22 Unterm Mistelzweig küssen

Dass Küssen gesund ist, Spaß macht und euch näher bringt, das hatten wir schon besprochen. Eine sehr schöne Gelegenheit, das Küssen mal wieder so richtig zu zelebrieren, ist der Mistelzweig in der Weihnachtszeit, der dann in vielen Türrahmen angebracht wird. Einem alten Brauch zufolge soll Küssen unterm Mistelzweig Paaren Glück und ewige Liebe bringen. Also besorgt euch doch selbst einen Mistelzweig, hängt ihn dekorativ in eurer Wohnung auf und nutzt den Advent ausgiebig zum Küssen.
Der Brauch besagt übrigens auch, dass eine Frau, die unterm Mistelzweig steht, den Kuss des anderen nicht verwehren darf...

23 Im Regen spazieren gehen

Regen wird gemeinhin als schlechtes Wetter bezeichnet. Aber alles ist eine Frage der Ansicht. Denn wohl jeder kennt den Spruch: Es gibt kein schlechtes Wetter, nur schlechte Kleidung. Das bedeutet, dass es auch für Regenwetter die passende Kleidung gibt.
Lasst euch also von den äußeren Umständen nicht beeindrucken und macht es wie Kinder, denen die Tropfen von oben meist egal sind. Lauft hin und wieder fröhlich durch den Regen. Genießt diese Spaziergänge als wäre es Sonnenschein. Und im lauen Sommerregen könnt ihr euch sogar einfach durchnässen lassen. Probiert es aus – als Paar ein wenig verrückt zu sein, tut gut und schweißt zusammen.

24 Dem anderen ein Kleidungsstück selber machen

Kannst du nähen, häkeln oder stricken oder nennst sogar eine Nähmaschine dein eigen? Dann fertige doch deinem Schatz mal ein Kleidungsstück selber an! Ein ganz persönliches Unikat mit viel Liebe. Du weißt, was er mag, was ihm gut steht und was es so nicht zu kaufen gibt. Also lass deiner Kreativität freien Lauf und bereite ihm ein besonders individuelles Geschenk.

25 Wellness-Tag zu Hause

Wellness in den eigenen vier Wänden – wie soll das gehen? Ganz einfach. Nehmt ein wohltemperiertes Bad mit einem Badezusatz, der eure Körper umschmeichelt. Hört dezente, entspannende Musik. Besorgt euch ein duftendes Öl und massiert euch gegenseitig oder bürstet euch mit einer Massagebürste. Genießt eine Meditation. Lasst euch zum Yoga inspirieren, zum Beispiel durch ein Youtube-Video.

Mixt euch einen Smoothie, kocht euch einen leckeren Tee und trinkt fruchtige Säfte. Gönnt euch einen Tag lang richtig gesundes Essen. Ihr könnt es am Vortag selbst vorbereiten oder vielleicht auch über einen Lieferservice bestellen. In manchen Städten gibt es neben Pizza und Co. auch Lieferservices für gesundes Essen. Macht es euch mit Kerzenschein und schönem Ambiente gemütlich. Zwischendurch könnt ihr natürlich auch zu einem kleinen Spaziergang an die frische Luft gehen.

26 Fahrradtour mit Picknick

Ein kleiner Ausflug mit einem Picknick ist immer eine schöne Abwechslung vom Alltag. Wenn die Tour dann noch mit körperlicher Betätigung einhergeht, umso besser. Packt euch einen Picknick-Rucksack ein, schnappt euch eure Drahtesel und los geht das Vergnügen. Es muss ja auch gar nicht so weit sein. Vielleicht kennt ihr ein lauschiges Plätzchen mit einer Bank oder noch besser nehmt ihr euch eine Decke mit. So könnt ihr euch ungestört in der Natur niederlassen und die Zweisamkeit genießen.

27 Sterne beobachten

Besonders romantisch ist ein Abend bei klarem Wetter unterm Sternenhimmel. Setzt euch auf eine Bank oder legt euch ins Gras oder auf eine Decke. Je länger ihr in den Himmel schaut, umso mehr Sterne werdet ihr sehen. Mit einer App auf dem Handy könnt ihr Sternbilder bestimmen. Und wenn ihr Glück habt, seht ihr vielleicht sogar Sternschnuppen. Einem alten Brauch zufolge kannst du dir etwas wünschen, wenn du eine Sternschnuppe siehst, musst es aber für dich behalten, damit es in Erfüllung geht. Besonders viele Sternschnuppen sieht man in Deutschland von Mitte Juli bis Mitte August.

28 Blumenstrauß unterwegs pflücken

Ein schöner Blumenstrauß auf dem Tisch ist immer dekorativ, duftet und sorgt für ein gemütliches Zuhause. Dabei muss der Strauß nicht einmal Geld kosten. Pflückt bei einem Spaziergang oder einer Wanderung einen Wiesenstrauß aus Blumen und Gräsern, den es so nicht im Laden gibt. So könnt ihr ihn zusammenstellen, wie er euch am besten gefällt.
Du bist allein unterwegs? Dann bringe doch ganz spontan deinem Partner einen selbst gepflückten Strauß als Überraschung mit nach Hause. Über frische Blumen freut sich schließlich jeder.

29 Einen Tag mit Fotos dokumentieren

Es gibt Tage, an die man sich gerne erinnert. Dann ist es noch schöner, wenn man sie auf Fotos festgehalten hat.
Dreht den Spieß doch einmal um und fotografiert einen Tag, um ihn zu einem unvergesslichen Erlebnis zu machen. Vielleicht einen ganz normalen Tag in der Woche. Klingt verrückt? Auch im Alltag gibt es genügend Momente, die sich lohnen, festgehalten zu werden. Vielleicht entdeckt ihr beim Blick durch den Sucher eurer Kamera oder auf den Bildschirm eures Handys ganz neue Sichtweisen auf euer Zuhause, eure tägliche Umgebung und eure Abläufe und Rituale. So schärft ihr euren Blick auf das Schöne im Alltag. Wenn ihr dabei bewusst vorgeht, könnt ihr zukünftige Tage wesentlich dankbarer erleben.

30 Weinverkostung – auch zu Hause möglich

Ihr seid Genießer und liebt Wein? Oder wart ihr bisher von den vielen Weinsorten völlig überfordert und seid bei eurer Standardsorte aus dem nächsten Supermarkt geblieben? Dann nehmt unbedingt an einer Weinverkostung teil. Weinverkostungen gibt es entweder in klassischen Weingegenden, wo ihr die Weine direkt beim Winzer probieren könnt. Oder ihr findet eine Möglichkeit in eurer Stadt in einem Weinlokal oder bei einem Weinhändler. Bekommt einen Eindruck von den vielfältigen Facetten von Weinen, lasst die Aromen an Nase und Gaumen wirken und lernt Basics,

wie man ein Weinglas richtig hält, schwenkt, die Farbe beurteilt und vieles mehr. Vielleicht entdeckt ihr euren neuen Lieblingswein.

Ihr kennt euch ein wenig aus mit Weinen und trinkt hin und wieder ein gutes Gläschen? Dann kauft oder bestellt euch eine Kollektion von einem Weingut eurer Wahl oder lasst euch in einem Weingeschäft beraten und kauft euch verschieden Sorten. Dazu braucht ihr stilles Wasser oder Cracker ohne Salz und Brot zum Neutralisieren. Mit ein paar Kerzen und dezenter Musik könnt ihr so eure ganz private Weinverkostung zu Hause veranstalten.

31 Übernachtung in einem Baumhaus

Eine Übernachtung im Baumhaus ist ein aufregendes Event für jedes Kind. Tut es den Kindern gleich und verlebt eine unvergessliche Nacht in einem Baumhaus. Erlebt die Welt von oben aus der Perspektive eines Eichhörnchens oder eines Vogels. Kuschelt euch aneinander, atmet die frische Luft und lauscht. Lasst euch vom Rascheln der Blätter und zahlreichen Tierstimmen in den Traum begleiten. Und am Morgen habt ihr einen ganz anderen Blick auf den Sonnenaufgang als sonst. Echte Romantik!

Habt ihr jemanden in eurem Bekanntenkreis, der ein Baumhaus besitzt? Wenn nicht, gibt es Anbieter, bei denen ihr ein Baumhaus-Quartier buchen könnt.

32 Gestaltet ein Fotoalbum

Früher war es gang und gäbe, dass von einem Jahresurlaub oder einem größeren Fest ein Fotoalbum gemacht wurde. Und ich kenne es von mir selbst, wie gerne ich die Alben immer wieder anschaue, wenn ich bei meinen Eltern bin.

Mit Beginn der digitalen Fotografie ist das Anfertigen von echten Alben unpopulär geworden. Unmengen an Fotos werden auf dem Computer gespeichert. Und bei Bedarf wird das Handy gezückt und dem Gegenüber mal ein Foto gezeigt. Das war es dann auch schon. Leider!

Mir selbst ist es passiert, dass unglücklicherweise meine externe Festplatte kaputt gegangen ist und viele Bilder aus der Kindheit meines Sohnes verloren gingen. Richtig ärgerlich!

Das kann euch nicht passieren, wenn ihr die Fotos in ein Album klebt. Versucht euch einmal auf die herkömmliche Art. Wählt euch ein lohnenswertes Event, das ihr so festhalten möchtet. Druckt eure schönsten Fotos aus und klebt oder steckt sie in ein Fotoalbum. Zusätzlich könnt ihr andere Andenken wie Eintrittskarten, Flaschenetiketten, Fahrkarten und dergleichen mehr dazukleben. Vielleicht mit einem flotten Spruch dazu?

33 Gemeinsames Kochbuch anlegen

Ihr kocht gerne? Und probiert auch gerne einmal Neues aus? Dann legt euch doch mal ein eigenes Kochbuch an. Da können die alten Familienrezepte von den Eltern oder der Oma drinstehen, aber auch Rezepte von leckerem Essen, das ihr irgendwo auf einer Party bekommen habt und das der reinste Gaumenschmaus war. Oft sucht man auch im Internet nach speziellen Rezepten und dann findet man sie beim nächsten Mal nicht wieder. Schreibt sie euch auf oder druckt sie aus und ab in euer privates Kochbuch.

Ich sammle schon seit meiner Jugend Rezepte. Ich habe recht spät die Freude am Kochen gefunden und mir deswegen früher alles, selbst die einfachen Gerichte, aufschreiben müssen, um sie auszuprobieren. Heute zeige ich genau diese meinen Kindern und freue mich, wenn ich sie in meinem eigenen Büchlein oder Ordner wiederfinde.

Seid ihr nicht so sehr interessiert am Kochen? Gibt es bei euch eher die schnellen Alltagsgerichte wie Spaghetti oder mal ein Rührei? Dann legt euch ein Büchlein an mit einfachen und schnellen Rezepten. Ihr werdet erstaunt sein, mit welch einfach Mitteln und wenigen Zutaten man ein delikates Essen zubereiten kann. Ihr werdet stolz auf euch sein, wenn ihr zum Beispiel euren ersten Braten mit Klößen selbst gezaubert habt. Das ist nämlich viel leichter als viele annehmen.

Ich wünsche euch ein wunderbares gemeinsames Kochen und guten Appetit!

Vielleicht gefällt euch auch der schöne Spruch, den mir meine Mutter einmal auf einer Fliese eingebrannt geschenkt hat und der seitdem in meiner Küche hängt:

Ich liebe es, mit Wein zu kochen.
Manchmal gebe ich ihn auch ins Essen.

34 Tretboot fahren

Habt ihr Tretbootfahren als Kinder auch so geliebt wie ich? Warum nicht auch als Erwachsener mal wieder Tretbootfahren? Bestimmt gibt es in eurer Nähe einen See oder einen Teich mit einem Tretbootverleih. Es kann mega lustig oder auch sehr romantisch sein, als Paar Tretboot zu fahren, dem Lärm des Ufers zu entfliehen und zu zweit alles andere um euch herum zu vergessen.
Einfach mal wieder wie die Kinder sein oder wie ein frisch verliebtes Paar aus dem Trubel flüchten.

35 Gemeinsam schweigen

So oft gibt es im Alltag Dinge zu besprechen. Organisation, Tagesplanung, Aufgaben absprechen. Die Erlebnisse des Tages werden ausgetauscht. Und wie oft wird eigentlich nur mit halbem Ohr hingehört?
Natürlich ist es wichtig, mit dem Partner über alles reden zu können, über Sorgen und Ängste, Gefühle, Probleme, aber auch über Wünsche, Ideen und Pläne. Im besten Fall sollte dein Partner dein bester Freund bzw. die beste Freundin sein, dem oder der du alles erzählst.
Aber man sollte auch nicht unterschätzen, wie gut sich gemeinsames Schweigen anfühlt. Momente gemeinsam genießen, ohne zu reden. Den anderen seinen Gedanken und Gefühlen überlassen und nicht alles dokumentieren oder zerreden müssen. Manchmal reicht auch ein Blick in die Augen des anderen, um zu wissen, was derjenige gerade denkt oder wie es ihm geht. Genießt die stillen Minuten miteinander in dem Wissen, dass ihr trotz Schweigen verbunden seid.

36 Eine CD mit eurem Lied brennen

Habt ihr auch ein gemeinsames Lied? Vielleicht von eurem Kennenlerntag oder ein Lied, das in eurer Anfangszeit häufig gespielt wurde? Und freut ihr euch, wenn es plötzlich ganz unverhofft im Radio gespielt wird? Dann brennt euch doch eine CD mit eurem Lied. Dann könnt ihr es so oft anhören, wie ihr gerne wollt.
Eine selbst gebrannte CD mit eurem Lied eignet sich übrigens auch gut als Überraschungsgeschenk für deinen Schatz.

37 Gegenseitiges Bodypainting

Eine Partnerschaft verlangt langfristig immer wieder Kreativität, um sie nicht einschlafen zu lassen und hin und wieder neu zu beleben. Bringt neue Farbe in eure Partnerschaft, und das wortwörtlich. Bemalt euch gegenseitig eure Körper! Bodypainting als Paar kann unheimlich erotisch sein.
Es gibt dafür spezielle Bodypainting-Farben. Sie halten einige Stunden auf der Haut und lassen sich ganz leicht wieder abwaschen. Die Farben erhaltet ihr in Künstler- oder Bastelläden, eventuell in Drogerien oder im Internet.
So steht einem ganz besonderen, kreativen und romantischen Abend nichts mehr im Wege.

38 Eine Weltkarte mit besuchten Orten markieren

Seid ihr schon oft im Leben gereist? Oder habt noch vor, viel durch die Welt zu reisen? Dann besorgt euch eine Weltkarte und Pinnadeln und markiert auf der Karte alle Orte bzw. Länder, wo ihr schon gewesen seid. Ihr werdet staunen, wie viel da mit der Zeit zusammenkommt.

Meine Weltkarte hing viele Jahre direkt über meinem Bett. Nicht nur eine schöne Raumdeko, wie ich finde, sondern auch eine Motivation für weitere Reiseplanungen. Inzwischen wohnen wir im Camper und reisen immer weiter. Leider ist dort kein Platz für die große Weltkarte. Aber wenn wir irgendwann wieder sesshaft werden, wird sie wieder einen besonderen Platz bekommen und viele Markierungen mehr haben als vorher.

39 Gegenseitig einen Brief schreiben, der erst in einem Jahr geöffnet wird

Dem Partner einen Brief zu schreiben, so richtig mit Papier und Stift, ist in der heutigen Zeit leider aus der Mode gekommen. Selbst Liebesbriefe sind in Zeiten von WhatsApp und Co. out. Im Briefkasten stecken heutzutage nur noch Rechnungen und Werbung. Dabei freut sich, glaube ich, jeder, wenn er einen echten Brief in seinem Briefkasten vorfindet.
Schreibt euch doch mal gegenseitig einen Brief! Teilt dem anderen mit, was ihr an ihm schätzt, was er euch bedeutet, was ihr gerne noch gemeinsam mit ihm erleben möchtet, wie ihr euch eure Zukunft vorstellt oder was euch persönlich wichtig ist. Schon der Prozess des Überlegens und Schreibens kann bei dir etwas sehr Bedeutendes hervorrufen: Dankbarkeit! Dankbarkeit für das, was du Gutes und Schönes in deinem Leben hast, ist ein wichtiger Schlüssel zu deinem Glück.
Einen ganz besonderen Reiz hat das Ganze, wenn ihr die Briefe zwar übergebt, aber jeder seinen Brief erst in einem Jahr öffnet. Erstens ist die Überraschung denn auf beiden Seiten groß. Oft weiß man nach einem Jahr selbst nicht mehr genau, was man geschrieben hat. Zweitens ist es rührend, wenn du erfährst, wie dein Partner vor einem Jahr über dich gedacht hat. Außerdem kann bis dahin auch schon der ein oder andere Wunsch erfüllt worden sein. Tut es! Es lohnt sich definitiv für euch alle beide!

40 Riesenrad fahren

Über der Stadt schweben, die Menschen in Modelleisenbahngröße unter euch sehen, mit den Augen in die Ferne schweifen, im Dunkeln die Lichter in nah und fern betrachten, den leichten Wind auf der Haut spüren – und dann ihr zwei allein in einer Gondel. Alles andere ist weit entfernt und unwichtig. Jetzt zählt nur ihr zwei. Zeit für einen romantischen Kuss.

41 Vierblättrige Kleeblätter suchen

Ein vierblättriges Kleeblatt soll bekanntlich Glück bringen. So lohnt es sich doch, euer derzeitiges Glück mit einem vierblättrigen Kleeblatt noch zu verstärken. Also begebt euch auf die Wiese und haltet Ausschau danach. Da ein Kleeblatt mit vier Blättern nur selten zu finden ist, braucht man schon Glück, um solch einen Glücksbringer zu entdecken. Es kann demzufolge sein, dass ihr nicht gleich fündig werdet und weitere Wiesen aufsuchen müsst. Bewahrt Geduld und gebt nicht gleich auf!
Es gibt viele Legenden zum vierblättrigen Kleeblatt. Eine besagt, dass Eva ein vierblättriges Kleeblatt als Andenken aus dem Paradies mitgenommen haben soll. Laut einer anderen Legende symbolisieren die vier Blätter die vier Himmelsrichtungen und verbinden sie mit den Elementen Feuer, Wasser, Luft und Erde. Außerdem steht das erste Blatt für Ruhm, das Zweite für Reichtum, das Dritte für einen treuen Geliebten und das Vierte für beste Gesundheit.

Viel Glück bei eurer Suche nach einem vierblättrigen Kleeblatt!

42 Fahrt ins Blaue

Einfach mal raus aus dem Alltagstrott, das tut einer Partnerschaft immer gut.
Du kennst einen schönen Ort, an dem du mit deinem Partner noch nie oder zumindest schon lange nicht mehr warst? Dann entführe ihn für einen Tag. Sage ihm nur, was er für diesen Tag oder das Wochenende braucht, damit er eventuell benötigte Sachen dabei hat. Oder seid ihr bereits so lange zusammen, dass du ihm selbst die nötigen Klamotten zusammenpacken kannst?
Ohne zu verraten, wo es hingeht, startet ihr am Morgen von zu Hause aus. Das kann zu Fuß, mit dem Rad, dem Auto, der Bahn oder was auch immer sein. Am Ziel wird dein Schatz mit deiner Überraschung belohnt.

43 Gemeinsam kochen

Das mag einigen jetzt vielleicht nichtig vorkommen, aber zusammen in der Küche zu stehen, kann sehr entspannend und erfüllend sein. Bei vielen Paaren ist es immer die gleiche Person, die kocht und das Essen zubereitet. Oft glaubt der andere Partner, er kann es ja sowieso nicht so gut und traut sich vielleicht gar nicht, das Kochen auch mal selbst auszuprobieren. Versucht es doch mal zusammen. Dabei kann einer der „Küchenchef" sein, der andere der „Handlanger", der die Zutaten schneidet. Schon durch das Zuschauen und dabei sein kann man viel lernen. Irgendwann dreht ihr dann den Spieß mal um und der andere Partner darf kochen und damit auch bestimmen, was es gibt. Natürlich ist beim gemeinsamen Kochen ein wenig Toleranz gefragt. Oft spielt es keine so wichtige Rolle, wie groß die Zwiebelstücke oder Kartoffelscheiben sind. Sprüche wie „Bei meiner Mutter wurde das aber anders gemacht" sollten dabei vermieden werden. Wem das gelingt, der wird wundervolle Stunden mit seinem Partner in der Küche verbringen, in denen man sich auch sehr gut über die Geschehnisse des Tages oder die Probleme in der Welt unterhalten kann.

44 Einen Filme-Marathon veranstalten

Es gibt sie, diese grauen, verregneten Tage, an denen man am liebsten gar nicht vor die Tür gehen möchte. Die Laune ist dann oft auch nicht so gut und der Tatendrang hält sich in Grenzen. Macht aber nichts. Es ist erlaubt, einfach mal gar nichts zu tun.
Vielleicht gibt es Filme, die sehr lang sind, die ihr im Alltag nie schafft komplett anzugucken. Und dann gibt es davon vielleicht noch eine Fortsetzung. Ich denke dabei an den „Herrn der Ringe", „Harry Potter", „Star Wars" oder auch „Fackeln im Sturm". Nutzt solche Tage mit ungemütlichem Wetter doch für einen Filme-Marathon. Beginnt direkt morgens. Geht zwischen den Filmen eine kleine Runde an der frischen Luft spazieren. Macht euch in den Pausen etwas zum Essen und nehmt euch frische Getränke oder bestellt am Abend eine Pizza. Wen dabei das schlechte Gewissen plagt, der kann übrigens auch gesunde Snacks zu sich nehmen. Es müssen nicht Chips und Popcorn sein, sondern vielleicht Gemüsesticks mit Quark zum Dippen. Genießt diesen Tag wie einen Kinoabend, nur in den eigenen vier Wänden.

Gemeinsam Gutes tun

45 Einen Tag lang Müll aufsammeln

Irgendwie liebt doch jeder die „Ordnung" auf seine Art und Weise. Der eine im perfekten 90°-Winkel, gerne auch beim Hecke schneiden. Der andere überlässt die Ordnung gern einer „höheren Institution", der Natur zum Beispiel, so auch beim Wildwuchs im eigenen Garten. Beide werden auf jeden Fall bestätigen, dass es genau so in Ordnung sei.
Dennoch würden weggeworfene Dinge, wie zum Beispiel Taschentücher, Plastikflaschen, Deckel von diesen, Zigarettenschachteln, Glasscherben usw. diese Ordnung in beiden Fällen stören. Jeder würde sie im heimischen Umfeld sofort entfernen.
Aber wie ist das unterwegs? Beim Spaziergang? Auf der Wanderung? Am Strand, auf dem Berg? Oder überhaupt dort, wo vermeintlich keiner zuständig ist? Viele regen sich über achtlos weggeworfenen Müll auf. Verständlicherweise.
Dabei ist es nur eine kleine Mühe, und doch eine große Tat, einfach den Müll, den andere Leute aus irgendwelchen Gründen bewusst oder unbewusst fallen gelassen haben, aufzusammeln und später ordnungsgemäß zu entsorgen. Geht einen Tag lang mit gutem Beispiel voran! Zieht mit einem großen Müllsack los und nehmt euch vielleicht Gummihandschuhe oder diese Hand-Überzieher von der Tankstelle mit, sogenannte Dieselhandschuhe. Die könnt ihr zum Schluss gleich mit entsorgen. Ihr werdet erstaunt sein, wie viel Müll dabei zusammenkommt, und könnt stolz auf euch sein, etwas Gutes für die Umwelt und das Wohlgefühl aller Menschen getan zu haben.

46 Eine Woche unverpackt einkaufen

Verpackungsmüll ist ein großes Problem für unsere Umwelt. Meistens sind unsere Lebensmittel in einer Plastikverpackung. Oft fragt man sich, ob das wirklich sein muss. Ein großer Schritt für unsere Umwelt wäre es, wenn es viel weniger Verpackungen in unserem täglichen Umgang gäbe. Mit den Unmengen an Plastikmüll machen wir alle die Welt unserer Kinder und Kindeskinder kaputt. Deswegen sollte auch jeder bei sich selbst anfangen, seinen Beitrag für eine bessere Umwelt zu leisten.
Eine gute Möglichkeit ist es, Lebensmittel ohne Plastikverpackung zu kaufen. Tatsächlich ist es gar nicht so einfach, sein Essen ohne Verpackung oder nur in wiederverwendbarer Verpackung wie Glas oder wenigstens Papiertüten zu kaufen. Bei Billigdiscountern ist das fast unmöglich. Dennoch gibt es größere Supermärkte oder kleine Läden, in denen ihr Lebensmittel lose bekommt. In manchen Städten gibt es auch Unverpackt-Läden. Nehmt euch von zu Hause Dosen und Stoffbeutel mit zum Einkauf und kauft ganz bewusst ohne Plastik. Das Erstaunliche daran ist, dass man automatisch gesünder einkauft. Ihr tut also nicht nur etwas Gutes für die Umwelt, sondern auch für euch ganz persönlich.

47 Einen Tag lang allen Straßenkünstlern etwas geben

Liebt ihr Straßenmusik? Bleibt ihr hin und wieder stehen, wenn ihr gemütlich durch die City schlendert und dort Musiker spielen? Ich finde es toll, wenn sich Menschen zutrauen, auch ganz unprofessionell vor anderen Leuten aufzutreten und ihr Können zu präsentieren. Na klar, da sind manchmal auch schräge Klänge und Stimmen zum „Weglaufen" dabei. Trotzdem bewundere ich den Mut und liebe dieses Treiben in der Stadt. Für mich ist das eine absolute Bereicherung eines Stadtbummels. Und nicht selten kann man Musiker auf der Straße sehen, die später sogar richtig bekannt werden. So starteten die Kelly Family, Ed Sheeran und die deutsche Band „AnnenMayKantereit" ihre Karriere als Straßenmusiker.
Auch meine eigenen Kinder stehen heutzutage öfters in der Leipziger City und freuen sich, wenn die vorbeieilenden Menschen innehalten, ihnen für einen Moment zuhören und vielleicht einen kleinen Obolus hinterlassen als Zeichen der Wertschätzung und dass es ihnen gefallen hat.
Nehmt euch einen Tag bei schönem Wetter Zeit für einen ausgiebigen Bummel, genießt die vielfältigen Darbietungen und belohnt alle Straßenmusiker mit ein wenig Kleingeld! Ihr tut damit nicht nur etwas Gutes für die Aufbesserung der Kasse der überwiegend Jugendlichen, sondern auch für ihr Selbstbewusstsein und eine schöne Innenstadtatmosphäre.

48 Mit Obdachlosen sprechen

Hin und wieder sieht man sie auf Bänken liegen, unter einer Brücke oder im Park schlafen oder vorm Supermarkt bzw. in der City am Wegrand sitzen. Manchmal bettelnd mit einer Dose in der Hand. Meistens schaut man weg und geht vorbei. Manchmal steigt dabei ein komisches Gefühl auf von Mitleid über Unverständnis bis hin zum Angewidertsein.

Leider vergisst man dabei, dass es sich um Menschen handelt, die oft durch unglückliche Lebensumstände und Schicksalsschläge in diese Situation geraten sind. Menschen wie du und ich, die Gefühle haben, sich schämen, trauern, Ängste ausstehen, Selbstzweifel haben und Verzweiflung besser kennen als viele andere.

Statt einen Bogen um Obdachlose zu machen, wäre es eine große Hilfe für diese armen Menschen, wenn man mit ihnen reden, sie als gleichwertige Bürger betrachten und Interesse an ihnen zeigen würde. Schenkt ihnen diese Aufmerksamkeit! Springt über euren Schatten und tut ihnen und auch euch diesen Gefallen. Allein bringt man oft nicht den Mut auf, aber gemeinsam mit dem Partner kannst du dich der ungewohnten Situation stellen und sie gemeinsam erleben. Vielleicht denkt ihr zukünftig ganz anders über euer Leben und seid dankbarer für das, was ihr habt.

49 Blut spenden

Keiner von uns möchte gern in einen Unfall verwickelt werden. Dennoch kann es geschehen und du bist auf eine Bluttransfusion angewiesen. Dann bist du sicher dankbar, dass es Menschen gibt, die für dich Blut gespendet haben. Manche sehen es für selbstverständlich an, dass es genügend Blutkonserven für Bedürftige gibt. Aber das ist nicht selbstverständlich, sondern nur möglich durch viele heldenhafte Blutspender.

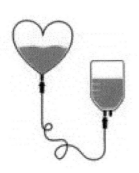

Was wäre, wenn du mit einer Blutspende mindestens einem anderen Menschen helfen würdest, vielleicht sogar Leben retten könntest? Dann wärst auch du ein Held! Geht es gemeinsam an! Es ist nicht schwer, dauert nicht lange und tut auch nicht wirklich weh. Meldet euch gemeinsam zur Blutspende an! Und falls ihr ein mulmiges Gefühl dabei oder ein wenig Angst davor habt, dann motiviert euch gegenseitig. Denkt euch eine Belohnung für euch aus, wenn ihr es geschafft habt. Die habt ihr euch dann auf jeden Fall verdient. Und vielleicht merkt ihr ja, dass es gar nicht schlimm ist und geht ab jetzt regelmäßig zur Blutspende, um vielen Menschen helfen zu können. Denkt daran, es könnte euch selbst treffen.

50 Ein Tier aus dem Tierheim adoptieren

Ihr habt schon mehrmals darüber nachgedacht, euch ein Haustier zuzulegen? Dann schaut euch doch einmal im Tierheim um. Dort gibt es viele niedliche Tiere, die sich über ein neues Zuhause freuen würden. Tiere, die es vielleicht bei ihrem vorherigen Besitzer nicht so gut hatten, irgendwo vernachlässigt gefunden oder ausgesetzt wurden. Diese Tiere haben eine zweite Chance verdient. Und ihr gewinnt vielleicht einen „Freund fürs Leben".
Euer Vorteil ist, dass ihr bereits etwas über den Charakter des Tieres erfahrt, die Tiere medizinisch versorgt sind und oft viel weniger kosten, als wenn ihr direkt beim Züchter kaufen würdet. Außerdem könnt ihr euer ausgewähltes Tier erst einmal über einen Zeitraum kennenlernen und dann entscheiden, ob es zu euch passt. Wagt das Abenteuer und schenkt einem Tier aus dem Tierheim ein neues Zuhause und eurem Zuhause ein neues „Familienmitglied"!

51 Patenschaften übernehmen

Ihr könnt oder wollt weder ein Haustier haben, noch ein Kind adoptieren, noch einen großen Garten pflegen. Ihr fühlt euch zu jung, zu alt oder habt einfach gerade keine Lust dazu. Ihr führt ein schönes Leben und seid damit absolut zufrieden. Das klingt toll und ich gratuliere euch dazu! Dennoch würdet ihr gerne Gutes tun, der Umwelt, der Gesellschaft, dort wo es nötig ist.

Dann könntet ihr eine Patenschaft übernehmen. Dafür gibt es zahlreiche Möglichkeiten. Patenschaften gibt es für Menschen, Tiere, Bäume oder dergleichen mehr. Je nachdem, wen oder was ihr lieber unterstützen möchtet, ihr tut in jedem Fall etwas Gutes damit.

Zum Beispiel verhilft eine Patenschaft für ein Kind in Afrika, Asien oder Lateinamerika diesem zu einer besseren Ausbildung, der Familie zur Erhöhung des Lebensstandards und ist eine wirtschaftliche Unterstützung für die ganze Gemeinde. Es gibt zahlreiche Organisationen, die Patenschaften vermitteln und Projekte vor Ort durchführen.

Auch für Tiere kann man Patenschaften übernehmen, um zum Beispiel das Aussterben von Arten zu verhindern oder um Tieren in Not ein Zuhause zu geben.

Und schließlich könnt ihr auch eine Patenschaft für einen Baum übernehmen, zum Beispiel für einen Orangenbaum in Spanien. Ihr unterstützt damit den biologischen Anbau, tut also etwas für die Umwelt und die Gesundheit von Menschen. Dafür bekommt ihr im Jahr einen bestimmten Anteil der Ernte direkt nach Hause geliefert.

52 Einen Baum pflanzen

Vermutlich kennt ihr den Spruch, dass ein Mann in seinem Leben ein Haus bauen, ein Kind zeugen und einen Baum pflanzen solle, der Welt also Dinge hinterlassen, die ihn überdauern. Ganz so ernst wird diese alte Weisheit wohl nicht mehr genommen. Allerdings ist die Sache mit dem Baum heute aktueller als je zuvor. Die Menschheit betreibt leider viel Raubbau an der Natur. Deswegen ist es so wichtig, der Natur auch etwas zurückzugeben.
Einen Baum zu pflanzen ist ein guter Schritt, um etwas für unsere Umwelt zu tun. Dabei könnt ihr dem Baum über die Jahre beim Wachsen zusehen und vielleicht miterleben, wie er Früchte trägt. Seht es gleichzeitig als Wachsen eurer Partnerschaft an und erzählt euren Kindern und Enkeln später davon, wie euer Baum entstanden ist.

53 Ein Wochenende auf einem Bauernhof mitarbeiten

Habt ihr euch schon einmal gefragt, wie euer täglich Brot und euer ganzes Essen entsteht? Fast alles stammt aus natürlichen Produkten wie Pflanzen und Tieren. Diese müssen gepflanzt, gezüchtet, gehegt und gepflegt, gefüttert, gesund erhalten, geerntet, vor- und nachbereitet werden und noch vieles mehr. All das erfordert eine Menge Arbeit.
Trotzdem kann es auch richtig Spaß machen, bei diesen Tätigkeiten einmal dabei zu sein und einige Dinge mitzumachen. Hast du schon mal eine Kuh gemolken oder einen Stall ausgemistet? Hast du schon einmal die Eier aus dem Hühnerstall geholt? Oder auf einem Traktor gesessen und die Ernte eingefahren? Wenn du sonst eher im Büro sitzt oder dich generell in Räumen aufhältst, kann es auf dem Bauernhof ein richtig abwechslungsreiches Abenteuer werden. Und für die Bauern und Landarbeiter ist jede helfende Hand willkommen.
Ich persönlich kann euch das nur empfehlen. Ich liebe nicht nur die Landluft, sondern habe vor langer Zeit Agrarwissenschaften studiert und für mehr als ein Jahr im Rinderstall gearbeitet. Ich weiß, wie bereichernd es ist, in diese Branche einmal hineinzuschnuppern. Vielleicht esst ihr anschließend bewusster oder ernährt euch sogar gesünder als vorher.

54 Erste Hilfe lernen

Falls du bei der Frage „Wer kennt den Begriff „stabile Seitenlage"?" einer der ersten bist, die sich melden – Glückwunsch! Doch plötzlich steigt dieses unwohle Gefühl in dir auf. Dieses Gefühl bei der logisch folgenden Frage: „Wer möchte die stabile Seitenlage vor den anderen vormachen?"
Wenn du einen Führerschein hast, dann erinnerst du dich bestimmt noch an den Vorbereitungskurs „Erste Hilfe", oder wenn die Fahrprüfung schon länger zurück liegt, vielleicht auch nicht. Trotzdem kennst du dieses oben erwähnte Gefühl!
Macht einen „Erste Hilfe" Kurs! Natürlich gemeinsam, denn zu zweit kommt - wie so oft - auch der Spaß nicht zu kurz. Informationen findet ihr beim Deutschen Roten Kreuz in eurer Nähe.

55 Freunde verkuppeln

Vielleicht könnt ihr euch selbst noch erinnern, wie es war, allein und ohne Partner durchs Leben zu gehen. Das ist zwar für eine gewisse Zeit mal ganz angenehm und sicher auch in manchen Lebensphasen wichtig. Aber wirklich schön ist das Leben doch nur, wenn man Freud und Leid mit jemandem teilen kann.

Habt ihr vielleicht im Freundeskreis oder in der Familie Menschen, die schon länger allein sind und sich vielleicht einen Partner wünschen? Manchmal behaupten Singles auch, sie bräuchten gar keinen Partner und es würde ihnen doch auch so gut gehen. Das ist oft nur ein Schönreden der eigenen Situation, weil sie selbst nicht mehr an ihr Glück glauben. Dann helft ihnen „auf die Sprünge"! Organisiert ein Treffen, wo sich die beiden in eurem Beisein ganz ungezwungen kennenlernen können, entweder zu einer kleinen Feier zu Hause oder im Garten, auf einem gemeinsamen Ausflug oder auch im Restaurant bzw. auf einer Veranstaltung, die ihr zusammen besucht. Das könnt ihr machen, ohne beiden vorher Bescheid zu sagen, dass da „noch jemand" kommt oder auch ganz offiziell, indem ihr die Beteiligten vorab aufklärt, was ihr vorhabt.

Auf jeden Fall ist das eine spannende und amüsante Angelegenheit für euch selbst. Und möglicherweise werden die beiden das absolute Traumpaar und hätten sich ohne euer Zutun nie kennengelernt.

Ich selbst hatte mal eine Freundin zu einer Faschingsveranstaltung mitgenommen, auf der ich eine Menge Leute kannte. Mein Ziel war, dort einen potenziellen Partner für sie zu finden. Ständig begrüßte ich jemanden und sie stand immer nur unbeteiligt daneben herum. Dann trafen wir einen guten Freund von mir, von dem ich wusste, dass er keine Partnerin hat. Er stand an der Bar und ich bat ihn, sich doch für ein Weilchen um meine Freundin „zu kümmern". Das ist jetzt über zwölf Jahre her und er „kümmert" sich immer noch. Die beiden sind inzwischen glücklich verheiratet.

56 Nachbarschaftshilfe

Wenn Ihr auf dem Land wohnt, ist es wahrscheinlich normal, dass jeder jeden kennt. Aber in einer Stadt ist das schon anders. Man grüßt die bekannten Gesichter, redet vielleicht mit dem unmittelbaren Nachbarn etwas mehr, aber das war es dann auch schon. Was ist mit den älteren Menschen aus dem Umkreis? Viele sind nicht mehr so mobil, fahren auch kein Auto (mehr) und würden sich wahrscheinlich nicht nur über ein nettes Gespräch, sondern auch über die ein oder andere Hilfe sehr freuen. Bestimmt werden sie aber nicht auf andere zugehen und um Hilfe bitten. Vielleicht könnt Ihr diesen Menschen Eure Hilfe anbieten. Sicherlich muss hin und wieder etwas kleines repariert werden, oder die Besorgung von Getränken fällt so schwer. Manche benötigen Unterstützung bei amtlichen Angelegenheiten oder die TV-Programme sind durcheinander geraten. All das sind für euch Kleinigkeiten, aber für alte Menschen eine große Geste, für die sie sicher sehr dankbar sind.

57 Eine ehrenamtliche Aufgabe übernehmen

Ist einer von euch zufällig Mitglied in einem Verein? Treibt ihr Sport oder sind eure Kinder eventuell in ihrer Freizeit aktiv in einem Club oder Verband? Dann wisst ihr sicher, dass auch außerhalb des Jobs vieles organisiert werden muss, um bestimmte Freizeitaktivitäten überhaupt möglich zu machen. Und dafür braucht es Menschen, die sich engagieren und diese Tätigkeiten übernehmen. Manchmal ist es schwierig, jemanden zu finden, der nach getaner Arbeit freiwillig weitere Aufgaben auf sich nimmt. Schließlich hat man ja auch Familie, Freunde, ein Zuhause, wo es Dinge zu erledigen gibt, und eigene Hobbys.

Dennoch ist eine ehrenamtliche Tätigkeit eine dankbare Sache. Ich selbst war viele Jahre in verschiedenen Sportvereinen als Sprecher bei Wettkämpfen tätig und habe außerdem einen Schwimmverein als Gründungsmitglied mit ins Leben gerufen. Für mich war es wie eine zweite Familie, in der auch meine Kinder als Sportler aktiv waren. Es hat richtig Spaß gemacht und so habe ich viele Wochenenden aktiv mit meinen Kindern zusammen verbracht, was uns sehr zusammengeschweißt hat.

Wenn du selbst ein Hobby hast, das du in einem Verein ausführst, dann überlege doch einmal, ob du nicht auch ehrenamtlich für den Verein tätig werden könntest. Noch schöner ist es natürlich, wenn ihr das gemeinsam macht. Es ist auch völlig okay, wenn ihr es für ein Jahr ausprobiert und dann schaut, ob es weiterhin machbar ist. Es soll nicht in Zwang oder Stress ausarten, sondern euch selbst Spaß machen und anderen, vielleicht Kindern, auch den Spaß in ihrer Freizeit ermöglichen.

58 Anderen Menschen einen Herzenswunsch erfüllen

Gibt es jemanden in eurem Umfeld, der einen Herzenswunsch hat, den er sich allein aber nicht erfüllen kann? Ich denke dabei zum Beispiel an ältere Menschen, die nicht mehr so mobil sind, sich aber noch etwas Bestimmtes anschauen möchten. Dann bietet demjenigen doch an, euch als Organisator und Fahrer zu engagieren. Ladet denjenigen ein, in eurem Auto mitzufahren, und tragt dazu bei, dass sich vielleicht noch ein Wunsch von der persönlichen „Bucket List" dieser Person erfüllt. Die strahlenden Augen und die Dankbarkeit dieses Menschen werden euch lange in Erinnerung bleiben.

Einfach mal verrückt sein

59 Wie ein Kind fühlen

Manche Erwachsenen schämen sich, wenn sie irgendwo „aus dem Rahmen fallen", wenn sie sich wie Kinder benehmen. Das gehört sich doch nicht. Schließlich ist man doch erwachsen. Und vernünftig.
Gäääähn! Wie langweilig! Viel mehr Freude haben Menschen am Leben, die sich nichts daraus machen, was andere über sie denken. Die auch mal wieder wie ein Kind sein können, ausgelassen, toben, träumen...
Versetzt euch gemeinsam in eure Kindheit, tollt auf einem Spielplatz herum, seid ausgelassen, wild, fühlt euch frei. Immerhin gibt es jetzt keine Eltern, die euch sofort wieder eingrenzen. Schlagt ein Rad auf der Wiese, springt mit aller Kraft in Pfützen, macht Klingelstreiche, baut Sandburgen, kauft euch Süßes im Supermarkt und esst es sofort draußen auf. Ich bin mir sicher, euch fällt gemeinsam noch so einiges ein. Ihr werdet einen Mordsspaß dabei haben. Und andere werden euch in ihrem tiefsten Inneren beneiden.

60 Nachtwanderung

Huuuuuh, war das früher gruselig! Eine Nachtwanderung war als Kind eine ganz schön große Mutprobe. Ist es das vielleicht heute auch noch? Für mich persönlich wäre es tatsächlich kein Vergnügen und ich müsste meine Angst vor der Dunkelheit überwinden, vor allem wenn ich nachts durch den Wald gehen sollte. Aber ihr seid zu zweit. Schnappt euch Taschenlampen und los geht's. Lauscht den Geräuschen in der Nacht, nehmt den Duft viel intensiver wahr als am Tag. Da das Sehen nachts eingeschränkt ist, werden alle anderen Sinne viel stärker aktiviert.
Vielleicht findet sich noch ein befreundetes Pärchen, das mit von der Partie ist. Dann macht das Ganze noch mehr Spaß und lässt Kindheitserinnerungen wach werden.

61 Nachts schwimmen gehen

Habt ihr einen See oder Fluss in eurer Nähe, wo ihr euch auch ein wenig auskennt? Dann geht doch mal nachts dort schwimmen. Am Tag kann das jeder. Aber in der Nacht hat es einen ganz anderen Reiz. Natürlich sollt ihr nicht weit hinausschwimmen in der Finsternis. Aber ein erfrischendes Nacktbaden, zu zweit allein unterm Sternenhimmel ist sehr romantisch. Danach gegenseitig trocken rubbeln und am Ufer mit einem Gläschen Wein die Sterne beobachten – ein Gefühl wie im Urlaub, das ihr so schnell nicht vergessen werdet.

62 Eisbaden

In vielen Gegenden Europas ist es eine Tradition, am Neujahrstag ins kalte Wasser zu springen. Das soll abhärten und Glück und Gesundheit für das neue Jahr bringen. Außerdem vertreibt es schnell die Nachwehen der Silvesternacht.
Seid doch einmal mit dabei beim Neujahrsbaden. Es gibt kaum einen Start ins neue Jahr, der mehr in Erinnerung bleibt. Geht oder fahrt zum nächstgelegenen Gewässer. Schnell ausziehen (am besten nackt; nasse Badesachen fühlen sich auf der Haut noch kälter an), zügig hineingehen, kurz bis zum Hals untertauchen und gleich wieder hinaus. Es gibt Menschen, die wirklich im eiskalten Wasser schwimmen. Das solltet ihr aber beim ersten Mal nicht tun. Dann fix abtrocknen und am besten mit einem heißen Trank aus der Thermoskanne aufwärmen. Danach gönnt ihr euch zu Hause eine warme Dusche oder ein Wannenbad und fühlt euch wunderbar erfrischt.
Natürlich könnt ihr auch an einem anderen Tag im kalten Wasser baden gehen. Falls ihr keinen See um die Ecke habt, dann nutzt dafür eine bessere Gelegenheit. Auf alle Fälle ist es ein bleibendes Erlebnis und weniger schlimm, als so mancher glaubt. Im Nachhinein werdet ihr mächtig stolz davon berichten oder ein Video davon zeigen können.

63 Bei einer TV-Sendung bewerben

Wollt ihr auch gerne mal im Fernsehen auftreten? Euch wie Promis fühlen? Anschließend in der Presse erwähnt werden und alle Nachbarn reden über euch? Unmöglich? Nein! Es ist gar nicht so schwer, ins TV zu kommen. Es gibt zahlreiche Sendungen, für die man sich bewerben kann. Ihr müsst euch nur trauen. Mut wird meistens belohnt. Wer nichts wagt, der nichts gewinnt. Apropos gewinnen, vielleicht wollt ihr ja an einer Fernsehsendung teilnehmen, in der ihr ganz nebenbei auch noch etwas gewinnen könnt?
Ich selbst war vor über zwanzig Jahren beim „Glücksrad" bei Sat1 im Studio. Und stellt euch vor, ich habe neben einer Florida-Reise, einer Reise nach Südtirol inklusive Rafting und Paragliding, einem großen Fernseher und teurem Schmuck noch jede Menge kleinere Dinge gewonnen. Und das, obwohl ich nur eine einzige Bewerbung auf einer Postkarte aus Tansania abgeschickt hatte und erst drei Jahre später eine Einladung zum Casting erhielt.
Seid mutig und bewerbt euch für eine Sendung, die euch gut gefällt, wo ihr gute Chancen für euch seht und die euch richtig Spaß machen würde. Ihr könnt natürlich auch mehrere verschiedene Bewerbungen schicken. Die Adressen oder Links dazu findet ihr im Internet, meistens unter dem jeweiligen Sender.

64 In das höchste Haus der Stadt gehen

Ihr wohnt direkt in einer Stadt oder fahrt immer mal in die nächstgelegene City? Dann sucht euch das höchste Haus aus, lauft oder fahrt mit dem Aufzug in die obere Etage, jedenfalls so hoch wie möglich, und schaut, ob ihr auf das Dach kommt. Natürlich tut ihr das nur, wenn es nicht verboten und vor allem nicht gefährlich ist. Der Ausblick auf die Stadt und die ganze Umgebung wird euch reichlich dafür belohnen.

65 Karaoke zu Hause

Eure Lieblingsmusik, die Lieder eurer Kindheit und Jugend, bekannte Songs und Ohrwürmer – wonach euch auch immer ist. Veranstaltet ein Karaoke bei euch zu Hause. Die Texte findet ihr zu fast jedem Lied heutzutage im Internet, falls ihr sie nicht (mehr) ganz im Gedächtnis habt. Und die Musik findet ihr garantiert auf Spotify oder YouTube, wenn ihr nicht sogar noch eine CD oder Schallplatte zu Hause habt. Dreht die Musik auf, stellt euch hin wie auf der Bühne und singt aus voller Kehle und mit Inbrunst. Hier braucht ihr keine Sorge haben, was andere über euch denken könnten. Und Spaß macht es fast genauso viel wie in der Karaokebar.

66 Luxusshoppen

Ihr seid keine Millionäre und fühlt euch nicht unbedingt steinreich, sondern zählt eher zu den Durchschnittsverdienern? Dann geht ihr wahrscheinlich auch nie Luxusshoppen. In meinen Augen eine absolute „Bildungslücke". Begebt euch einmal in die teuersten Läden eurer Stadt oder fahrt gezielt dahin, wo ihr diese vorfindet. Macht euch keine Sorgen, dass man euch den fehlenden Reichtum ansehen könnte. Das ist ein Irrglaube. Selbst reiche Menschen laufen nicht immer in Designerklamotten herum oder fahren oft mit alten, praktischen Autos herum. Also sucht euch euren Traumladen aus und lasst euch so richtig beraten und bedienen. Fühlt euch so, als wäret ihr absolut in der Lage, alles zu kaufen, was euch gefällt. Wenn ihr dann doch nichts mitnehmt, ist das in Luxusläden normalerweise kein Problem. Dann ist es eben nicht das, was ihr euch konkret vorgestellt habt. Schließlich habt ihr ja hohe Ansprüche.

67 Euer absolutes Traumauto Probe fahren

Welches Auto würdet ihr fahren, wenn ihr steinreich wäret? Vielleicht wollt ihr es schon einmal Probe fahren. Holt euch einen Termin und testet einen Porsche, Maserati oder was auch immer euer Traumauto wäre. Das kann euch keiner verbieten. Und wer weiß, vielleicht steht ja auf eurer Bucket List genau dieses Auto als Wunsch. Dann probiert schon mal, wie sich das anfühlt.

68 Ein Casino besuchen

Ins Casino gehen nur reiche Leute? Vielleicht ist es ja eure Chance, reich zu werden? Ich denke, ein Casino sollte jeder einmal besucht haben. Schon dem Treiben zuzuschauen macht Spaß. Ihr fühlt euch ein wenig wie im Film. Und mit ein wenig Kleingeld oder auch extra dafür eingeplanten Scheinchen solltet ihr unbedingt euer Glück versuchen. Eine andere Welt, die ihr einfach mal erlebt haben müsst.
Ich war das erste und bisher einzige Mal in einem Casino, als ich Anfang 20 war. Als Studentin hatte ich dafür gar kein Geld, war aber gerade zu Besuch bei einer Freundin, in deren Nähe es ein Casino gab. Vor dem Gebäude drängten sich große und teure Limousinen und Sportwagen. Und auf dem Roulette-Tisch landeten 500er-Scheine als kleiner Einsatz. Gemeinsam machten wir uns den Spaß und genossen „das ganz große Kino" – so kam ich mir jedenfalls vor, wie in einem Kinofilm. Auf jeden Fall erzählen wir auch heute noch gerne von diesem Erlebnis.

69 Eine Nacht im Museum verbringen

Nervenkitzel pur! Kennt ihr den Film „Nachts im Museum"? Ben Stiller spielt in diesem Film den Nachtwächter im Naturkundemuseum und erlebt, wie nachts plötzlich alle Exponate und prähistorischen Tiere zum Leben erwachen. So erlebt er ziemlich schräge Abenteuer. Tut es ihm gleich! Wer weiß, welche Abenteuer ihr zu bestehen habt? Und sei es nur das komische Gefühl, dass ihr eine Nacht in einem anderen Zeitalter oder zwischen authentischen Gemälden berühmter Leute verbringt.

70 Spaß haben im Fotoautomat

Habt ihr schon einmal Fotos in einem Fotoautomat machen lassen? ihr zwei beiden? Gemeinsam? Kennt ihr den Spaß, wenn sich gerade der eine Mühe gibt, nett zu gucken und sich der andere vor Lachen nicht mehr einkriegt? Oder immer einer die Augen zu hat, wenn es knipst? Oder du freundlich lächelst und dein Partner mit Absicht eine Fratze zieht? Ihr habt das noch nie getan? Dann nichts wie los zum nächsten Fotoautomaten! Ihr findet sie meistens auf Bahnhöfen, in Einkaufszentren, manchmal in Drogerien oder Fotostudios oder in Kultureinrichtungen. Übrigens ist das nicht nur für die Jugend lustig. Seid einfach mal ungehemmt und ausgelassen. Echter Gaudi!

71 Sex in einer Umkleidekabine

Ganz gleich, ob geplant oder ungeplant. Vermutlich wird das euer aufregendster Sex, den ihr jemals haben werdet. Es sei denn, ihr findet ab nun öfter Gefallen an dem zusätzlichen Nervenkitzel der „Öffentlichkeit" oder der „Gefahr", entdeckt zu werden. Wer weiß, welche Orte ihr noch ausprobiert.
Du findest die Vorstellung mega erotisch, traust dich aber nicht, deinen Partner zu fragen? Dann entführe ihn oder sie unter dem Vorwand in eine Kabine, dass du seine oder ihre Hilfe beim Umkleiden brauchst. Auf jeden Fall wird das euer Liebesleben ankurbeln und auf ein neues Level heben.

72 Sex in der Natur

Wenn ihr nicht gerade in der Anfangsphase eurer Partnerschaft seid, wird euer Sexualleben mit der Zeit sicher an Aufregung verloren haben. Gewohnheiten bezüglich Ort, Zeit und Stellungen werden sich eingeschlichen haben. Dann wird es Zeit, das Ganze neu zu beleben. Ein gutes Mittel dafür ist Sex in der Natur. Im nächsten Wald findet sich bestimmt ein lauschiges Plätzchen, wo keiner vorbeikommt. Oder an einem See bzw. am Strand, wenn am Abend alle Menschen nach Hause gegangen sind. Vielleicht gibt es auch eine Wiese oder ihr nutzt euren eigenen Garten. Solltet ihr es planen, dann nehmt einfach eine Decke mit, entweder zum Darunterlegen oder auch zum Zudecken, je nach Situation. Aber vielleicht kommt euch die Idee zum Sex in der Natur auch ganz spontan unterwegs. Dann lasst euren Gefühlen freien Lauf!

73 Mit absolut schrägen Sachen durch die City laufen

Ihr habt im Schrank noch alte Lieblingsklamotten, die zwar im Moment total unmodern sind, die ihr aber dennoch nicht wegwerfen wollt? Oder ihr findet den Look absolut cool, den eure Eltern und Großeltern früher getragen und noch immer im Schrank herumliegen haben? Einfach mal anders sein – eure Sachen absolut chaotisch kombinieren und damit durch die City laufen. Macht euch nichts aus den Leuten, die euch vielleicht ungläubig angucken. Ihr seid so mutig! Wahrscheinlich bewundern euch die anderen dafür! Kaum einer würde sich das selbst trauen. Und euch bringt es eine große Portion mehr Selbstbewusstsein und eine lustige Erinnerung.

74 Einen Joint rauchen

Ihr seid eigentlich Nichtraucher? Vielleicht seid ihr auch nicht mehr ganz jung und habt noch nie in eurem Leben einen Joint geraucht oder „Haschkekse" probiert? Dann wird es nun allerhöchste Zeit dafür. Man sollte (fast) alles im Leben einmal versucht haben. Wenn ihr nicht wisst, wo ihr so etwas herbekommt, dann fragt junge Leute, eventuell eure größeren Kinder. Die können euch garantiert weiterhelfen. Lasst euch von diesen auch erklären, worauf ihr achten müsst. Und dann teilt euch als Paar das besondere Erlebnis, euer erstes Mal auf eine andere Art. Garantiert unvergesslich!

75 Als Statisten in einem Film mitspielen

Für fast alle Filme, egal ob für Kino oder TV, werden Statisten gebraucht. Wenn Menschenansammlungen im Film vorkommen, zum Beispiel wenn ein Schauspieler durch eine Stadt läuft oder sich in einem Restaurant befindet, dann werden Menschen benötigt, die einfach nur „durch das Bild laufen" oder irgendwo stehen. Das heißt, sie spielen das Geschehen rund um die Hauptrollen herum. Für solche Statistenrollen kann man sich bewerben. Oft werden in Stellenanzeigen offiziell Statisten gesucht. Macht einen Film zu eurem ganz persönlichen Event, lernt dabei bekannte Schauspieler und das Leben hinter den Kulissen kennen.

76 Über heiße Kohlen laufen

Über heiße Kohlen laufen? Niemals! Ich bin doch nicht verrückt! So denken viele Menschen, die es noch nie getan haben. Ja, ein sogenannter Feuerlauf ist eine Mutprobe. Und ihr solltet es auch nicht einfach mal so allein im Wohnzimmer vor eurem Kamin tun. Aber es gibt einen Grund, warum ihr ohne Verletzungen über heiße Kohlen laufen könnt. Holz und Asche haben eine geringe Wärmeleitfähigkeit, ebenso das Wasser, aus dem unser Körper überwiegend besteht. Die Hitze geht deshalb langsam vom Holz auf unsere Füße über. Wenn ihr beim Darüberlaufen nicht stehen bleibt, spürt ihr die Hitze nicht so stark, wie ihr vorher glaubt. Wenn ihr euch vorab mental darauf vorbereitet und den Lauf ohne große Angst angeht, hilft die Psyche zusätzlich dabei, das Ganze zu einem stärkenden Erlebnis zu machen. Deshalb sucht euch Anbieter, wo ihr unter Anleitung und mit Motivation über die heißen Kohlen laufen könnt. Gemeinsam seid ihr bestimmt mutiger als allein.

77 Unterm Gartenschlauch duschen

Eigentlich ist es nichts Besonderes. Dennoch tut es keiner. Schließlich macht man das doch nicht und was sollen denn die Leute denken? Es macht aber großen Spaß, wie die Kinder unterm Gartenschlauch mit eiskaltem Wasser kreischend (oder auch nicht) zu duschen. Im Sommer eine schöne Erfrischung, aber auch zu anderen Jahreszeiten eine gute Abhärtung und ein wenig Verrücktheit beim Duschen in der Natur.

78 Papierflieger basteln

Habt ihr als Kinder Papierflieger gebastelt? Oder nur der männliche Part von euch? Irgendwie war das ja eher so ein Jungsding mit den Papierfliegern. Deshalb macht das einmal zusammen. Genauso wie die Kinder. Ein paar Blätter Papier finden sich immer. Wisst ihr noch, wie es ging? Wenn nicht, dann gibt es im Internet zahlreiche Anleitungen. Und dann lasst die Flieger um die Wette fliegen oder schaut, wer am weitesten kommt. Spiel, Spaß, Wettbewerb, Kindheitserinnerungen – all das bereichert eure Partnerschaft und ist mit so simplen Dingen machbar.

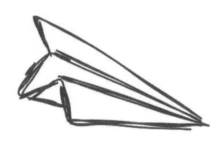

79 Kindheitsträume

Was waren eure Kindheitsträume? Wolltest du Feuerwehrmann sein? Oder Lokfahrer? Oder Prinzessin? Oder einen Hund haben? Verwirklicht euch diese Träume heute! Geh zur Feuerwache und frage, ob einmal ihr mit dem Auto mitfahren dürft. Holt euch regelmäßig einen Hund aus dem Tierheim und geht mit ihm spazieren. Zieh dich wie eine Prinzessin an, lass dich bedienen und verbringe einen Tag als Hoheit. Was auch immer eure Kindheitsträume waren, lacht nicht darüber, sondern macht sie wahr. Unvergesslich, glaubt mir!

Täglich Neues ausprobieren

80 Anderes Restaurant testen

Im Laufe der Zeit hat es sich so eingeschlichen, man hat sein Lieblingsrestaurant oder eine Handvoll Restaurants, die man immer mal besucht. Und meistens isst man dann auch noch das Gleiche dort. Der Mensch ist eben ein Gewohnheitstier.

Geht doch mal unter die „Restauranttester"! Sucht euch hin und wieder ein Restaurant, wo ihr noch nie wart! Auch wenn ihr keine Fans von zum Beispiel Sushi oder asiatischem Essen seid. Vielleicht werdet ihr überrascht und lernt etwas ungeahnt Gutes kennen.

81 Neues Filmgenre wählen

Ihr liebt Komödien oder Krimis? Monumentalfilme oder Filme mit geschichtlichem Hintergrund schaut ihr gar nicht erst? Das könnte ein großer Fehler sein. Wer weiß, wann euch dieses Genre vermiest wurden. Vielleicht habt ihr mal einen besonders langweiligen oder zu stressigen Film dieses Typs gesehen und habt euch damals gesagt: nie wieder. Gebt den noch nie oder lange nicht mehr gesehenen Filmarten eine neue Chance! Vielleicht freut sich dein Partner, wenn ihr plötzlich ganz andere Filme zusammen anschauen könnt und nicht ständig leidige Kompromisse finden müsst.

82 Andere Wege gehen

Der Gang zum Bäcker, zum Supermarkt, zur Arbeit, beim Spaziergang – stets nimmt man den gleichen Weg. Manchmal weiß man im Nachhinein gar nicht mehr so richtig, wie man dahin gekommen ist, weil uns unser Unterbewusstsein automatisch richtig führt. Ebenso geht es vielen beim Autofahren zu gewohnten Orten.
Nehmt doch zukünftig hin und wieder andere Wege. Das sorgt für Abwechslung, bringt euer Gehirn in Schwung, weil ihr bewusster laufen oder fahren müsst und es so zu neuen Synapsenverbindungen kommt. Außerdem werdet ihr merken, wie neue gemeinsame Wege auch symbolisch für neue Wege in der Partnerschaft sorgen können.

83 Im Bett die Seiten tauschen

Ebenso wie beim Beschreiten neuer Wege verhält es sich mit dem Tauschen der Bettseiten. Wahrscheinlich schlaft ihr schon seit Anbeginn eurer Beziehung jeder auf seiner gewohnten Seite. Tauscht doch einfach mal! Das bringt mehr Bewusstheit in den abendlichen Ablauf. Wer weiß, vielleicht sorgt das Seitentauschen ja für neue Liegepositionen und führt wieder zu mehr Nähe zwischen euch. Schon allein das kann zu neuem Schwung in eurem Liebesleben führen.

84 Wohnung umräumen

Gewohnheiten im Alltag führen dazu, dass es irgendwann trist und langweilig wird. Genau das ist das Problem vieler Beziehungen. Dabei gibt es so einfache Mittel, um dem entgegenzuwirken. Ein grandioses Beispiel ist das Umräumen der Wohnung. Die Couch schräg statt gerade an der Wand, den Tisch in die Mitte, das Regal als Raumteiler... Einfach mal losschieben und ausprobieren. Und wenn es euch doch nicht so gut gefällt, dann wird es nach einer Woche wieder geändert. Auf jeden Fall sorgt das Umräumen für ein neues Outfit im Zimmer, ein anderes Gefühl, wenn man sich darin aufhält, und Abwechslung im Leben.

85 Stadtrundfahrt durch die eigene Stadt

In eurer Stadt wohnt ihr schon ewig lange und kennt gefühlt alles. Im Urlaub jedoch besichtigt man Kirchen, bedeutende Bauwerke und sämtliche Sehenswürdigkeiten. Fragt euch ein Tourist, was er in eurer Gegend machen kann, könnt ihr ihm bestimmt einiges nennen. Aber wart ihr denn selbst schon überall? Kennt ihr die sehenswerten Ecken in eurer Heimat persönlich? Auf einer Stadtrundfahrt durch eure eigene Stadt lernt ihr ganz bestimmt noch Neues kennen, erfahrt die ein oder andere Story aus der Geschichte und werdet staunen, was es alles Schönes und Interessantes gibt.

86 Ein Möbelstück selber bauen

Eine gemütliche Wohnung wünscht sich jeder. Und bestimmt habt ihr euch so eingerichtet, dass ihr euch wohlfühlt. Aber verleiht doch eurer Wohnung einen besonderen Charme mit einem unverwechselbaren Unikat. Und das muss nicht teuer sein. Baut ein Möbelstück selber! Ganz nach eurem Geschmack. Vielleicht habt ihr auch im Möbelladen nach einem ganz konkreten Stück vergebens gesucht. Dann frisch ans Werk! Werdet kreativ! Bauanleitungen findet ihr sicherlich im Internet. Und die erforderlichen Baustoffe und Teile bekommt ihr im Baumarkt. Viel Freude beim Bauen eures Möbelstückes!

87 Frische Pasta selber machen

Seid ihr auch solche Spaghetti-Fans oder liebt Nudeln aller Art? Noch besser schmeckt euer Lieblingsgericht, wenn ihr es einmal selber zaubert. Nudeln zu machen, geht am besten mit einer Nudelmaschine. Wenn ihr euch aber keine kaufen wollt oder ausleihen könnt, dann kann man Nudeln auch per Hand (also mit dem Messer) schneiden. Eins ist Fakt: eure selbst gemachten Nudeln werden so gut schmecken wie noch nie.
Ihr seid keine Nudelliebhaber? Ich kann es mir zwar nicht vorstellen, aber solche Leute soll es ja auch geben. Dann könnt ihr euch natürlich auch an eurem persönlichen Lieblingsessen versuchen. Manchmal ist man erstaunt, wie einfach es zuzubereiten geht.

88 Schräge Eissorten herstellen

Habt ihr schon einmal Eis selber hergestellt? Und damit meine ich kein Wassereis, das man einfach aus Saft oder Sirupwasser in einer geeigneten Form ins Eisfach stellt. Ich meine richtiges Milcheis, das man ebenso einfach selbst machen kann. Das gelingt zum Beispiel mit Joghurt, Butter- oder Kokosmilch als Grundlage. Im Internet gibt es dazu zahlreiche einfache Rezepte. Was aber, wenn einer von euch gar kein Süßer ist, sondern es eher herzhaft mag. Auch das geht beim Eis. Wie wär's denn mal mit Eis aus Ziegenkäse mit Sesam? Oder Basilikumeis? Was du in der Eisdiele nicht bekommst, zauberst du dir einfach selber.

89 Ein Lebkuchenhaus backen

Weihnachtszeit = Lebkuchenzeit. Magst du Lebkuchen auch so sehr wie ich? Und war ein Lebkuchenhaus für dich früher auch etwas Besonderes? Vor allem die Verzierungen habe ich geliebt und als erstes herunter genascht. Am liebsten hätte ich noch viel mehr Dekoration darauf gehabt. Wenn es euch genauso ging, dann backt euch jetzt als Erwachsene euer Traumlebkuchenhaus. Verziert es üppig oder schlicht, so wie es euch gefällt und vor allem am besten schmeckt. Ein selbst gebackenes Lebkuchenhaus eignet sich übrigens auch hervorragend als Nikolaus- oder Weihnachtsgeschenk.

90 Tandem fahren

Fahrrad fahren kann heutzutage wohl jeder. Aber habt ihr euch schon einmal zusammen auf dem Tandem versucht? Wenn ihr niemanden kennt, der ein Tandem hat, findet ihr bestimmt einen Fahrradverleih, wo ihr ein Tandem für einen Tag bekommt. Beim Tandem fahren könnt ihr beweisen, wie gut ihr harmoniert, euch aufeinander verlassen könnt und eine Sache gemeinsam bewältigt. Spaß macht es obendrein.

91 An einem Gewinnspiel teilnehmen

Normalerweise legt man irgendwelche ominösen Gewinnspiele doch immer zur Seite. Das war wohl eher so ein Ding unserer Großeltern. Man gewinnt ja sowieso nichts.
Wirklich? Irgendwer muss doch Gewinner sein. Und warum solltet ihr nicht das Glück haben? Probiert es aus und nehmt an einem Gewinnspiel teil. Seriöse Gewinnspiele gibt es entweder in Einkaufsmärkten, direkt von Herstellern, von konkreten Anbietern (Autohäusern zum Beispiel) oder in Zeitschriften. Spannend und aufregend ist es allemal. Ich wünsche euch viel Glück dabei!

92 Bouldern gehen

Bouldern ist klettern an einer Kletterwand oder auch am Felsen ohne Seil und ohne Klettergurt. Man klettert nur bis zu einer bestimmten Absprunghöhe, von der aus man sich beim Abspringen zum Boden nicht verletzen kann. Auf dem Boden befinden sich entweder Matten oder draußen ein sogenannter Fallschutzkies oder -sand. Bouldern schult das Gleichgewicht und die Koordination, trainiert alle Muskelgruppen und verbessert das Körpergefühl. Beim Bouldern erlebt ihr viele kleine Erfolge, die dazu beitragen, dass sich euer Selbstwertgefühl erhöht. All diese positiven Aspekte des Boulderns machen euch für euren Partner attraktiver und interessanter.

93 Geocachen

Eine Art Schatzsuche für Erwachsene – mein absoluter Tipp! Falls ihr noch nie Geocachen wart, dann probiert es einmal aus! Ladet euch eine Geocaching-App auf euer Handy, schaltet GPS an und los geht's. Die App führt euch zu einem Versteck in der Natur. Dort sucht ihr den Cache, in dem ein kleines Geschenk verborgen liegt. Dieses dürft ihr mitnehmen und dafür ein neues hineinlegen, das ihr mitgebracht habt. In der App könnt ihr den Schwierigkeitsgrad bestimmen. Das heißt, wie leicht das Versteck zu finden ist, wie schwierig das Gelände, wie gut erreichbar der Cache usw. Das Schöne beim Geocachen: Ihr bewegt euch an der frischen Luft und macht den Spaziergang oder die Wanderung damit zu einem Erlebnis. Auch mit Kindern sehr empfehlenswert.

94 An einem Wettkampf teilnehmen

Eigentlich seid ihr bei Sportwettkämpfen oder sonstigen Veranstaltungen eher die Zuschauer? Und selbst aktiv seid ihr nur, um euch ein wenig fit zu halten. ihr wollt euch nicht mit anderen messen. Aber warum eigentlich nicht? Habt ihr Angst, ihr könntet zu schlecht abschneiden? Beschließt doch, als Paar an einem Wettkampf teilzunehmen. Es gibt Veranstaltungen für jedermann, wo ihr gemeinsam als Team antretet. Das hat nichts mit professionellem Sport zu tun und es geht auch meistens nicht um Höchstleistung, sondern um den Spaß an der Sache. Hier in Leipzig gibt es zum Beispiel den CrossDeLuxe, einen verrückten Hindernislauf. Oder ihr nehmt an einer Laufveranstaltung für einen guten Zweck teil. So etwas gibt es in Deutschland in allen Regionen. Das gemeinsame Trainieren schweißt definitiv zusammen. Und gemeinsam ein Ziel zu erreichen, verbindet und macht stark!

95 Ein Tier anfassen, vor dem du dich fürchtest

Du ekelst dich vor Mäusen oder Spinnen? Oder fürchtest dich vor Tieren wie zum Beispiel Schlangen? Manchmal wirst du vielleicht sogar von deinem Partner dafür gehänselt? Dann wagt es und geht in einen Zoo, Tierpark oder eine spezielle Tierausstellung (so etwas gibt es zum Beispiel als Wanderausstellung für Spinnen und Insekten). Dort habt ihr eventuell die Möglichkeit, genau diese Tiere anzufassen. Macht es gemeinsam, denn entweder kann dich dein Partner vor Ort motivieren und dir dazu verhelfen, die (meist grundlose) Angst zu überwinden. Oder aber du findest heraus, dass dein Partner gar nicht so mutig ist, wie er immer tut. Dann hat das Erlebnis einen doppelt positiven Effekt.

96 Kühe melken

Ihr seid Vegetarier oder Veganer? Dann überspringt dieses Kapitel gerne. Ihr trinkt Milch, wenn auch nur im Kaffee, esst gerne Eis oder Joghurt, liebt Käse, Quark und auch Butter und nascht für euer Leben gern Schokolade? All das wird aus Milch hergestellt. Und Milch kommt bekanntlich aus der Kuh. Zumindest wird Kuhmilch in Deutschland für die meisten Milcherzeugnisse verwendet. Wäre es da nicht eine grandiose Idee, einmal eine Kuh selbst zu melken? Fahrt gemeinsam auf einen Bauernhof und fragt dort einmal nach, ob ihr nicht lernen könntet, wie man eine Kuh melkt. Es ist keine große Wissenschaft oder Kunst, aber ein wenig Übung und den richtigen Griff braucht man schon. Macht einen kleinen Wettbewerb daraus, wer am meisten Milch in einer bestimmten Zeit aus der Kuh herausbekommt. Eine gute Gelegenheit, um die zahlreichen Milchprodukte in Zukunft etwas wertschätzender zu verwenden.

97 Kerzen ziehen

Jeder mag Gemütlichkeit und zu Festen und bestimmten Anlässen gehören sie ganz selbstverständlich dazu. Die Rede ist von brennenden Kerzen, die ein heimeliges Licht verbreiten, Wärme spenden, manchmal einen angenehmen Duft verströmen und für eine schöne Atmosphäre sorgen. Bei euch steht demnächst ein Fest bevor? Oder ihr nutzt Kerzen auch im Alltag sehr oft? Dann fertigt euch eure eigenen Kerzen ganz nach eurem Geschmack an: groß oder klein, dick oder dünn, ein- oder mehrfarbig, duftend oder neutral. Es gibt vielerlei Möglichkeiten, die ihr ausprobieren könnt. Den Prozess der Herstellung nennt man Kerzen ziehen. Am besten gelingt das in einer Kerzenwerkstatt, weil dort vielfältige Materialien und Vorrichtungen vorhanden sind. Aber es gibt auch Kerzen-zieh-Sets zu kaufen. Dann könnt ihr eure Kerzen bequem zu Hause ziehen. Viel Freude dabei und noch mehr Behaglichkeit mit euren Kerzen wünsche ich euch.

98 Für einen Monat vegan essen

Der Mensch ist von Natur aus Allesfresser. Dennoch gibt es heutzutage viele Menschen, die auf Fleisch oder sogar alle tierischen Produkte verzichten. Die Hauptgründe dafür sind ethischer Natur (gegen Massentierhaltung und Schlachtungen), für eine bessere Umwelt und um der eigenen Gesundheit etwas Gutes zu tun. Nach meiner Meinung sind diese Gründe gut nachvollziehbar und absolut verständlich.
Ich persönlich ernähre mich mit Mischkost, also aus pflanzlichen und tierischen Produkten, und möchte das auch nicht ändern. Dennoch empfehle ich euch, eine vegane Ernährung einmal auszuprobieren. Ihr könnt in dieser Zeit von den genannten Vorteilen profitieren und entdeckt vielleicht, dass euch die rein pflanzliche Ernährung gut tut und es viele leckere Rezepte gibt. Wenn ihr euch gleichzeitig auch mit den dafürsprechenden Themen beschäftigt, entwickelt ihr auf alle Fälle ein besseres Verständnis für Veganer und Vegetarier und esst vielleicht zukünftig bewusster, weniger oft und qualitativ hochwertigeres Fleisch.

99 Dinner for One zu Hause nachspielen

„Dinner for One" ist Silvester einfach ein Muss. Nicht wenige sehen es Jahr für Jahr immer wieder im Fernsehen. Ihr kennt es noch nicht? Dann unbedingt anschauen!
Noch viel mehr Spaß macht es jedoch, wenn ihr es zu Hause oder in eurer Silvesterrunde selbst nachspielt. Den Text dafür findet ihr im Original in Englisch und auch in Deutsch im Internet. Aus eigener Erfahrung kann ich euch versprechen, dass Gaudi und Lachsalven vorprogrammiert sind.

100 Eine Woche Partnerlook

Partnerlook ist heutzutage nicht mehr wirklich in. Eigentlich ist das so ein Ding unserer älteren Vorfahren gewesen. Und dennoch geschieht es manchmal unmerklich, dass man sich vom Stil her annähert, wenn man länger zusammen ist. Freizeit- und Sportklamotten sind von der gleichen Marke, die Farben ähneln sich usw.
Geht doch mal bewusst im Alltag für eine Woche im Partnerlook. Ihr werdet sehen, dass das gar nicht so einfach ist. Mal sehen, ob es überhaupt jemand bemerkt und wie die Reaktion der anderen ist. Aber lustig ist es auf alle Fälle.

101 Pilze suchen

Unsere Eltern und Großeltern taten es noch öfters, denn Pilze gab es nicht so einfach im Laden zu kaufen. Mittlerweile ist das Pilzesuchen nicht mehr so populär. Viele Menschen kennen die Pilzsorten nicht und haben Angst, die giftigen Pilze zu erwischen. Dabei ist es gar nicht so schwer, wenn man sich ein Pilzbestimmungsbuch besorgt. Einen halben Tag lang im Wald verbindet man Bewegung und frische Luft mit dem Besorgen der Mahlzeit. Und frische Waldpilze sind noch immer etwas Besonderes. Wenn ihr unsicher seid, ob eure Pilze alle essbar sind, dann geht mit eurem Korb lieber zur Pilzberatung. Dort sitzen erfahrene Pilzkenner, die euch weiterhelfen können. Wohl bekomm's!

102 Eine Vogeltränke bauen

Habt ihr an eurer Wohnung einen Balkon, eine Terrasse oder einen Garten? Dann tut den Vögeln etwas Gutes und versorgt sie mit Wasser. Baut eine Vogeltränke selber. Nutzt dazu einfach eine flache Schüssel oder einen Blumentopfuntersetzer mit einem flachen Rand, auf dem die Vögel sitzen können. Erfreut euch an dem Zwitschern und dem Anblick der trinkenden und badenden Vögel.

103 Slackline

Kennt ihr eine Slackline? Das ist ein Gurt, der zwischen zwei Bäumen über dem Boden gespannt wird, ähnlich einer Wäscheleine, nur tiefer. Auf dieser Slackline könnt ihr balancieren, was nicht ganz einfach ist. Die Leine ist nämlich nicht ganz straff gespannt, sondern federt, wenn man sich daraufstellt. Balancieren auf der Slackline erfordert ein wenig Übung. Besorgt euch eine Slackline, nehmt euch eine Decke und ein Picknick mit in einen Park und macht euch einen entspannten Tag. Abwechselnd könnt ihr euch auf der Slackline versuchen. Sie fördert die Konzentration, Koordination und natürlich die Balance. Vielleicht habt ihr am Anfang das Gefühl, das niemals lernen zu können. Ihr werdet staunen, welche großen Fortschritte ihr nach ein paar Stunden bereits gemacht habt.

104 Zaubern lernen

Warst du als Kind auch so fasziniert von Zauberern? Jedes Mal wollte ich die Tricks noch und nöcher sehen, um hinter das Geheimnis zu kommen. Es hat mich verrückt gemacht, wenn ich es nicht herausgefunden habe. Wäre es nicht beeindruckend, wenn ihr selbst die Zauberkünstler wäret? Auf jeder Party für spannende Momente sorgen und die gefragtesten Gäste sein? Meist sind die Zaubertricks gar nicht so schwer. Und wenn du erst weißt, wie sie gehen, wirst du gar nicht glauben, dass es so simpel sein kann.

105 Brot backen

Brötchen am Morgen, ein Baguette als Mittagsbeilage, Brot am Abend oder Brotchips als Snack zwischendurch – Brot ist in unserem Alltag allgegenwärtig. Wisst ihr, dass Brotbacken gar nicht so schwer ist. Ihr könnt dazu Backmischungen verwenden oder auch die einzelnen Zutaten selbst kaufen. Das Gute am Selberbacken ist, dass ihr ein Brot ganz nach euren Vorstellungen backen könnt. Noch ein paar Körner mehr gefällig? Oder Möhren oder Nüsse oder Oliven oder sonst etwas – immer rein damit. Lasst eurer Fantasie freien Lauf. Dann ab in den Backofen und euer Brot landet mit unwiderstehlichem Duft ganz frisch und noch warm auf eurem Tisch.

106 Ein Wochenende lang alle Lebensmittel selbst herstellen

Wie haben die das nur früher hingekriegt ohne den Supermarkt um die Ecke? Und Dönerläden und Pizzaservice gab es auch nicht. Tja, da wurde tatsächlich noch fast alles selber gekocht, gebacken, eingeweckt, entsaftet, angebaut oder anders hergestellt. Heute wissen wir oft gar nicht mehr, wie das alles geht. Probiert es einmal aus. Besorgt euch frische Zutaten, kocht und backt alles selbst, was ihr verzehrt. Ja, das dauert alles seine Zeit. Aber es macht auch Spaß, ist viel gesünder als Fertignahrung und schärft das Bewusstsein für gesündere Ernährung und angemessene Mengen. Was man nämlich selbst gemacht hat, wirft man auch nicht so einfach in den Müll.

107 Urzeitkrebse züchten

Ihr wolltet schon immer mal ein Haustier haben, vielleicht schon seit der Kindheit? Aber im Moment ist auch keine Zeit und kein Platz für ein Haustier? Dann züchtet euch Urzeitkrebse. Es gibt die Triopse als Fertigset mit einem kleinen Becken, Sand und Futter. Aus kleinen Eiern schlüpfen die Mini-Krebse und wachsen rasant. Es macht Spaß, das zu verfolgen und ist irre faszinierend, wie man solche Tierchen „zum Leben erwecken" und dann für sechs bis zwölf Wochen pflegen und durch ihr Dasein begleiten kann. Ein kleiner Vorgeschmack auf ein größeres Haustier.

108   Eine Tupperparty veranstalten

Früher waren sie absolut in und jeder hatte mindestens ein Teil in seinem Haushalt – gemeint ist die Tupperdose. Vielleicht warst du auch schon mal bei einer Tupperparty? Es gibt noch andere Produkte, die ein derartiges Vertriebssystem haben, zum Beispiel Kerzen oder sogar Dessous. Veranstaltet doch selbst einmal solch eine Produktparty. Werdet Gastgeber und ladet Freunde und Bekannte dazu ein. Bestimmt bleibt euch diese besondere Party lange im Gedächtnis.

109   Ein Partner-Faschingskostüm selber anfertigen

Geht ihr gerne zum Fasching? Oder würdet ihr es gerne tun, wenn nicht dieser Kostümzwang wäre? Euch fehlen einfach die Ideen? Ein Partner-Faschingskostüm sorgt garantiert für einen lustigen Abend. Damit meine ich ein Kostüm für euch beide zusammen, also zum Beispiel ein Pferd, unter dem ihr beide steckt. Ihr hängt quasi den ganzen Abend irgendwie zusammen. Besonders lustig beim Tanzen oder beim Toilettenbesuch. Was für das eine Paar nervig sein kann, ist für euch bestimmt ein Mordsgaudi.

110 An einer Langstrecken-Wanderung teilnehmen

Ihr müsst keine Sportler sein. Aber Gehen ist gesund. Jeder Mensch sollte am Tag ca. 10.000 Schritte gehen, um gesund zu bleiben. Dafür eignen sich Spazierengehen und Wandern. Ihr denkt, dass ihr das im Alltag nicht schafft? Dann holt doch euer Pensum nach und nehmt an einer Langstreckenwanderung teil. In vielen Gegenden gibt es organisierte Touren über 30, 50 oder sogar 100 km. Bei langer Distanz ist es sinnvoll, wenn ihr vorab ein wenig dafür trainiert.

So habt ihr nicht nur ein gemeinsames Ziel und verbringt viel gemeinsame Zeit, sondern ihr motiviert und stärkt euch gegenseitig, was sich positiv auf eure Partnerschaft auswirkt.

111 Eine Lesung besuchen

Ihr würdet gerne mal wieder ein Buch lesen, aber wann?? Abends im Bett fallen nach wenigen Zeilen die Augen zu und ansonsten gibt es immer etwas zu tun. Dann gönnt euch doch mal einen Abend bei einer Buchlesung. Erstens lernt ihr den Inhalt eines Buches und die spannendsten und lustigsten Stellen daraus kennen. Zweitens erlebt ihr vielleicht einen berühmten Schriftsteller live und lasst euch von seiner dramaturgisch passenden Stimme mitten ins Geschehen seines Romans verführen.

112 Linedance

Es spielt keine Rolle, ob ihr irgendwann einmal einen Tanzkurs belegt habt und gut tanzen könnt oder nicht. Beim Linedance lernt ihr die richtigen Schritte in der Gruppe und studiert eine vorgegebene Choreografie ein. Dabei braucht ihr absolut keine Vorkenntnisse. Schnell lernt ihr Schrittfolgen zu den verschiedensten Musik- und Stilrichtungen. Von Country über Latino bis hin zu modernen Charthits ist für jeden etwas dabei.

113 Schnitzeljagd

Schnitzeljagd kennen die meisten eher für Kinder. Aber du kannst auch eine Art Schnitzeljagd als Überraschung für deinen Schatz organisieren. Im Vorhinein versteckst du irgendwo in der Natur zum Beispiel eine Flasche Wein oder einiges Picknickzubehör. Dann muss dein Partner durch Lösen von Aufgaben unterwegs und durch das Finden der richtigen Route den versteckten Schatz finden. Das Ganze erfordert zwar ein wenig Vorbereitung, die sich aber lohnt, denn deine bessere Hälfte wird am Anfang voller Ahnungslosigkeit und am Ende absolut verblüfft sein.

114 Wanderung um eure Stadt herum

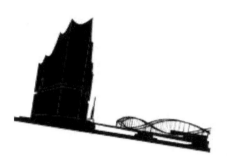

Zum Wandern fährt man in die Berge oder man sieht das Wandern als Urlaubsbeschäftigung an. Kaum einer kommt auf die Idee, direkt vor der eigenen Haustür loszuwandern (es sei denn, ihr wohnt am Wald oder in den Bergen). Schnürt doch einmal euer Ränzlein zu Hause und wandert um eure Stadt oder eure Region herum. Die meisten wissen gar nicht, wie schön es in der Heimat ist und welch bisher unbeachtete, schöne Plätze man dabei entdecken kann.

115 Klangschalenabend

Ein Klangschalenabend, oder auch Klangreise genannt, ist etwas sehr Entspannendes und gleichzeitig Anregendes. Meistens werden sie in Yogastudios oder Physiotherapiepraxen angeboten. Liegend werdet ihr durch die Töne verschiedener Klangschalen in eine tiefe Entspannung geführt. Die Klangschalen wirken beruhigend, durchdringen aber mit ihren Schwingungen den ganzen Körper und können Organe und Muskeln anregen. Der Klang löst Spannungen und setzt kreative Energien frei. Die Klangreise kann sich auch in den Stunden danach noch positiv auf euch auswirken. Möglicherweise habt ihr viel intensiveren Sex als zuvor. Probiert es gerne aus!

116 Lost Places besuchen

In allen Teilen der Welt gibt es verlassene und vergessene Orte. Oft sieht man sich nur die aktuellen Sehenswürdigkeiten einer Region an. Was früher einmal war, wird schnell uninteressant. Dabei sind es oft diese Orte, die „schauerlich schön" sein können, die uns in die Vergangenheit zurückführen und einen mystischen Eindruck hinterlassen. Verfallene Gebäude und Ruinen regen die Fantasie an und lassen alte Zeiten in uns neu aufleben. Macht einen lohnenswerten Ausflug zu den nächstgelegenen Lost Places. Ihr findet sie bestimmt im Internet.

117 Eine große Familienparty

Wie ist das bei euch, wenn Feierlichkeiten anstehen? Kommt die ganze Familie zusammen? Oder ladet ihr nur Freunde ein, weil das Verhältnis zu den Verwandten nicht so gut ist oder sie zu weit weg wohnen? Wie auch immer das Klima in eurem Familien-Clan ist, mit einer großen, lustigen Familienparty könnt ihr auf alle Fälle für Verbesserung und einen guten Zusammenhalt sorgen. Denn eins ist Fakt: Familie ist das Wichtigste im Leben. Das ist die Aussage zahlreicher älterer Menschen, wenn sie rückblickend auf ihr Leben schauen. Natürlich gilt das nur, wenn man eine gute Beziehung untereinander hat. Aber dafür kann man etwas tun. Vergesst alle kleinen und größeren Missverständnisse. Feiert gemeinsam einen Neustart in eine harmonische Familie! Ihr werdet später alle einmal sehr froh darüber sein.

Räumt euer Leben auf – Platz für Neues

118 Entrümpeln

Wenn ihr schon länger zusammen seid, hat sich bestimmt in eurem Haushalt schon so einiges angesammelt. Was nicht gebraucht wird, steht entweder ganz hinten im Schrank oder landet im Keller, auf dem Boden oder in der Abstellkammer. Man könnte es ja vielleicht nochmal brauchen.
Mein Tipp: sortiert Altes aus und entsorgt es! Entrümpelt eure Schränke, Garagen und Abstellecken. Ist man erst einmal dabei, macht es richtig Spaß. Es ist befreiend und erleichternd. Ihr werdet merken, wie wenig ihr wirklich braucht und wie viel am Ende auf dem Entsorgen-Stapel landet. Und dann am besten gleich weg damit und nicht erst noch dreimal drüber schlafen. Wobei nicht alles im Müll landen muss...
Übrigens: Auch wenn ihr erst frisch zusammen seid, lohnt sich das Entrümpeln. Ihr schafft damit Platz für euer Gemeinsames.

119 Verschenken und verkaufen – so macht ihr anderen eine Freude

Das Entrümpeln ist euch gar nicht so leichtgefallen? Manche Dinge sind euch einfach zu schade zum Wegwerfen? Das ist absolut verständlich. Aber das Schöne daran ist, dass ihr mit allen Dingen, die noch gut sind, anderen eine Freude machen könnt. Es gibt immer Menschen, die gerade das suchen, was ihr nicht mehr braucht. Fragt eure Freunde, Kollegen, Nachbarn, ob sie etwas benötigen. Oder verkauft die Dinge im Internet oder auf einem Trödelmarkt. So bekommt ihr sogar noch ein wenig Geld dafür. Was ihr nicht losbekommt, könnt ihr dann immer noch über diese Plattformen verschenken oder direkt zum Mitnehmen vor eure Haustür stellen und anderen Menschen eine richtig große Freude machen.

120 Altes loslassen

Mit dem Entrümpeln eurer Schränke und der gesamten Wohnung habt ihr materiell aufgeräumt und somit auch Platz geschaffen für Neues, vielleicht mehr Gemeinsames. Aber wie verhält es sich denn in den anderen Lebensbereichen? Wo wird es Zeit, von Altem loszulassen und damit eurer Partnerschaft mehr Raum zu geben? Hängst du noch irgendwie in alten Beziehungen fest? Ist euer Freundeskreis der richtige, der euch positive Energie gibt, wenn ihr zusammen seid? Habt ihr Gewohnheiten im Alltag, die sich nicht unbedingt positiv auf eure Beziehung auswirken? Könnt ihr losgelöst von euren Eltern eigene Entscheidungen treffen oder gibt es da noch Abhängigkeiten? Macht ihr euren Job nur, weil ihr irgendwie Geld verdienen müsst, seid aber genervt davon? Betrachtet einmal alle Lebensbereiche und schaut, was nicht mehr stimmig ist. Und dann trennt euch von Altem, denn es steht vielleicht ganz unbewusst eurem Glück im Wege.

Loslassen ist nicht so einfach. Schon das Erkennen der Dinge, die nicht mehr in euer Leben passen, fällt vielen schwer. Es ist allerdings einer der wichtigsten Punkte, um eine gemeinsame glückliche Zukunft zu haben und die Beziehung langfristig zu einem starken Band in einem erfüllenden Leben zu machen. Gern unterstütze ich euch in diesem Prozess.

121 Seminare zur Persönlichkeitsentwicklung gemeinsam besuchen

Eine Partnerschaft ist ein immerwährender Prozess der Weiterentwicklung. Lebensumstände ändern sich, Gewohnheiten schleichen sich ein und wollen hin und wieder hinterfragt werden, Missverständnisse entstehen, Liebe darf gepflegt werden, damit sie sich vertiefen kann. Wie gut das gelingt, hat viel mit euren einzelnen Persönlichkeiten zu tun. In der Schule lernt man leider nichts über Persönlichkeitsentwicklung. Deswegen ist es wichtig, sich im Laufe des Lebens selbst damit zu befassen. Seminare zur Persönlichkeitsentwicklung helfen euch, euer Selbstbewusstsein zu stärken, mit Problemen besser umgehen zu können, eure Kommunikation zu verbessern, euch selbst besser kennenzulernen, mehr Resilienz und innere Stärke zu bekommen, positiv zu denken und noch vieles mehr. Meine Empfehlung ist es, dass ihr euch gemeinsam mit dem Thema Persönlichkeitsentwicklung befasst. Denn nur, wenn sich beide Partner weiterentwickeln, ist das stärkend für eure Beziehung.

122 Gemeinsam meditieren lernen

Warum ist es hilfreich zu meditieren? Meditation entspannt und entlastet vom Stress. Herz und Kreislauf profitieren davon. Man wird achtsamer im Alltag und bei allem, was man tut. So lebt man sein Leben intensiver, einfacher und langsamer. Meditation unterstützt dich, Gewohnheiten zu ändern. Meditation verbessert deine geistigen Fähigkeiten und die Vernetzung im Gehirn wird aktiviert.

Meditation ist damit ein gutes Mittel, um auch in der Partnerschaft bewusster und entspannter zu sein. Wenn ihr gemeinsam meditieren lernt, festigt und bereichert das eure Beziehung.

123 Spiele, die euch einander näherbringen

Ihr spielt gerne Gesellschaftsspiele? Dann probiert doch mal Spiele aus, die eure Partnerschaft beflügeln oder die euch auf geistiger Ebene näherbringen. Dazu eignen sich zum Beispiel Kartenspiele wie „The Mind", in dem ihr nicht gegeneinander spielt, sondern gemeinsam das Spiel bis zum Ende durchlaufen wollt. Das gelingt euch besser, je mehr ihr euch auf geistiger Ebene verbindet, je besser ihr den anderen kennt, je mehr Intuition in Bezug auf euer Gegenüber vorhanden ist, je größer das Vertrauen in den Partner ist.

Frage-Antwort-Spiele bringen euch einander näher, regen zum Nachdenken über die eigene und die gemeinsame Zukunft an und verhelfen euch vielleicht dazu, eure Wünsche und Träume zu erkennen und auszutauschen.

124 Jeder ein Instrument spielen lernen

Ihr hört gerne Musik, könnt aber selbst kein Instrument spielen? Das kann man immer lernen, egal in welchem Alter. Selbst zu musizieren ist ein schönes Hobby, um seine Freude auszudrücken, um Emotionen zu verarbeiten, um gemeinsam Spaß zu haben, um Botschaften zu überbringen. Wenn ihr zusammen beginnt, ein Instrument spielen zu lernen, könnt ihr euch gegenseitig motivieren und unterstützen, habt eine neue Gemeinsamkeit im Alltag, die euch näherbringt. Und mal ganz ehrlich, eine Party mit eigener Live-Musik bekommt eine viel persönlichere Note und hat ein ganz anderes Level.

Dabei spielt es gar keine Rolle, ob ihr beide das gleiche Instrument lernt oder jeder ein anderes bevorzugt. Die Grundlagen sind immer die gleichen. Viel Erfolg und Freude wünsche ich euch!

125 Gemeinsam eine Sprache lernen

Sich weiterzubilden ist immer ein Gewinn für das eigene Leben. Meistens lernt man nur dann neue Dinge, wenn man sie entweder braucht, zum Beispiel für den Job, oder wenn man von etwas absolut begeistert ist. Dann benötigt man dazu Zeit und natürlich auch die richtige Motivation.
Eine Sprache zu lernen ist immer von Vorteil, sowohl für die Arbeit als auch für die Freizeit, zum Reisen, um bestimmte Bücher lesen zu können oder Filme zu sehen, für die persönliche Weiterentwicklung, die Vernetzung im Gehirn und vieles mehr.
Wenn ihr eine Sprache gemeinsam lernt, macht das natürlich mehr Spaß, ihr habt euren Sparringspartner direkt zu Hause, könnt euch motivieren und helfen. Eine neue Sprache eröffnet euch wiederum Möglichkeiten für gemeinsame Erlebnisse, wie zum Beispiel tolle Reisen. Also sucht euch die Sprache, wo euch Land und Leute faszinieren. Dann ist der Erfolg schon fast sicher.

126 Einen Blog starten und anderen Menschen Mehrwert bieten

Einen Blog zu starten könnte auch in die Rubrik „Gutes tun" passen. Mit einem Blog schenkt ihr anderen Menschen Mehrwert, entweder mit interessanten Informationen oder Inspirationen zu bestimmten Themen. Ihr reist gerne und viel? Dann macht einen Reiseblog. Ihr kocht gerne? Dann führt einen Blog mit Rezepten zu bestimmten Themen. Ihr seid besonders sportlich und trainiert begeistert für kleine und große Wettkämpfe? Dann motiviert andere mit euren Erfahrungen und Anleitungen, sich ebenso für Sport zu begeistern. Oder ihr beschreibt eure Schritte, wie ihr eure Partnerschaft immer wieder neu in Schwung bringt und wie ihr es schafft, zusammen glücklich zu sein. Es gibt unendlich viele Möglichkeiten für einen Blog. Informiert mich gerne über euren Blog! Ich freue mich, euren Mehrwert auch anderen zu empfehlen.

127 Für eine große Sportveranstaltung gemeinsam trainieren

Ihr könnt euch nicht vorstellen, einen Marathon zu laufen, einen Triathlon zu absolvieren, 24 Stunden lang zu schwimmen oder mit dem Rad die Alpen zu überqueren? Ist aber alles machbar, selbst wenn du heute erst beschließt, sportlich aktiv zu werden. Schließlich musst du keine Höchstleistungen vollbringen. Teilnehmen und Durchhalten ist alles. Und für dein Selbstbewusstsein ein Turbo-Booster. Wenn ihr zusammen trainiert, habt ihr für ein Jahr ein gemeinsames Ziel. Außerdem verbringt ihr jede Menge Zeit zusammen, unterstützt und motiviert euch. All das schweißt euch als Paar enorm zusammen.

128 Gemeinsam fasten

Geteiltes Leid ist halbes Leid. Wobei fasten nicht unbedingt Leid auslöst. Im Gegenteil, fasten kann dir Unmengen an Energie, neue Erkenntnisse, mehr Selbstbewusstsein und Bewusstheit für dein zukünftiges Leben bringen. Allerdings erfordert es schon den echten Willen zum Verzicht. Und manchmal hat man auch seine schwache Stunde dabei. Deswegen ist es lohnenswert, einmal gemeinsam zu fasten. Wissenschaftlich ist erwiesen, dass es viele Vorteile für die Gesundheit hat. Ihr tut euch also zusammen etwas Gutes.

129 Freundschaften und Beziehungen wieder aktivieren

Ihr seid irgendwann mal umgezogen? Oder habt die Arbeitsstelle gewechselt? Das Leben bringt oft Veränderungen mit sich, in denen man sich auch von Freunden und guten Bekannten trennen muss. Nicht selten schlafen solche Beziehungen dann nach und nach ein. Kennt ihr das auch? Dann frischt doch ein paar alte Freundschaften wieder auf! Macht den ersten Schritt und nehmt Kontakt auf. Stellt euch vor, wie ihr gemeinsam in Erinnerungen an vergangene schöne Zeiten schwelgt. Macht euch bewusst, was euch einmal verbunden hat. Und beim ersten Treffen nach langer Zeit wird sich herausstellen, ob diese Freundschaft es wert ist, sie zukünftig aktiv zu halten.

130 Gemeinsam ein Handwerk lernen

Selbst ist der Mann.... Oder die Frau. Früher war es ganz normal, dass handwerkliche Tätigkeiten im Haushalt, im Garten, beim Bauen und Reparieren selbst gemacht wurden. Heute gibt es für jede Sparte einen Experten, den man sich bestellen kann. Dadurch gehen das Wissen und die Fertigkeit bestimmter Handwerkstätigkeiten beim „Otto Normalverbraucher" immer mehr zurück. Dabei ist es eine schöne Sache und befriedigende Angelegenheit, wenn man einiges auch selbst erledigen kann. Es macht euch unabhängiger. Außerdem macht Handwerkeln Spaß und kann zu einem schönen Hobby werden. Und ihr habt zukünftig vielleicht einige selbstgemachte Unikate, die ihr so nicht zu kaufen bekommt. Die Möglichkeiten, ein Handwerk zu lernen, sind extrem vielfältig. Nähen, Tischlern, Haareschneiden, Fliesenlegen, Schreinern, Töpfern, Filzen, Brauen, Backen, Fotografieren, Elektrik-installieren, Maurern... Was begeistert euch am meisten? Womit könnt ihr etwas anfangen? Was hilft euch persönlich weiter? Ich bin mir sicher, ihr werdet das Passende finden und mega stolz sein auf euer erstes eigenes Projekt, das ihr allein gemeistert habt.

131 Einen Partner-Massagekurs besuchen

Massagen sind wohltuend, lösen Spannungen, schenken Wärme, ein Gefühl von Geborgenheit und Leichtigkeit. Wäre es nicht schön, wenn ihr euch bei einer Verspannung oder einfach nur bei einem Gefühl von Stress statt beim Physiotherapeuten bei eurem Partner zur Massage „anmelden" könntet? Das spart Zeit für Wege und natürlich auch Geld. Und ist dazu viel angenehmer, weil ihr euch vertraut seid. Du kannst dich bei ihm oder ihr so richtig fallen lassen.
Du wirst bereits von deinem Partner massiert? Großartig! Aber beruht das auch auf Gegenseitigkeit? Und bist du zufrieden mit der Qualität der Massage? Nach einem Partner-Massagekurs wisst ihr genau, wie ihr euren Schatz noch besser verwöhnen könnt und seinen Problemzonen am besten zu Leibe rückt.

132 Mit Geld beschäftigen

Über Geld spricht man nicht. Entweder man hat es oder man hat es nicht. Diese alten Glaubenssätze solltet ihr ablegen und euch mit dem Thema Geld beschäftigen. Die meisten bringen ihr Geld zur Bank, wofür sie noch Gebühren zahlen, oder es landet in irgendwelchen Fonds, Sparplänen, Lebensversicherungen und dergleichen mehr. Auch das kostet Gebühren. Was mit dem Geld dann tatsächlich passiert, ob und wie es eventuell vermehrt wird, das wissen die wenigsten. Und beim Thema Zins und Zinseszins hört das Wissen dann auch beim letzten auf, wenn du nicht gerade in der Branche arbeitest.
Mein Tipp: kümmert euch selbst um euer Geld! Informiert euch, wie Geld funktioniert und welche Möglichkeiten zum Sparen und Geldanlegen es gibt und nehmt das Ganze selber in die Hand. In anderen Ländern ist es völlig normal, dass man sich um seine Altersvorsorge selbst kümmert. Das erfordert vorab natürlich ein wenig Auseinandersetzung mit dem Thema. Aber es lohnt sich! Es gibt heutzutage Bücher, Kurse und Seminare zum Thema Geld. Im Anhang findest du meine persönlichen Empfehlungen dazu.

133 Gemeinsam einen Kurs belegen, der für euch beide neu ist

Wie wichtig die eigene Weiterbildung ist, hatten wir ja bereits gesagt. Belegt doch mal einen Kurs, um euch etwas komplett Neues anzueignen. Etwas, wovon bisher keiner von euch beiden eine Ahnung hat. Lasst euch auf ein Abenteuer ein! Vielleicht entdeckt ihr ein neues Hobby oder stellt ein Talent fest, von dem ihr bisher noch gar nichts wusstet. Wie wäre es mit Steptanz, einem Sushi-Kochkurs, einem Tauchkurs oder einem Parfum-Workshop? Wählt irgendetwas „Schräges" und lasst euch überraschen!

134 Ein Wochenende ohne Handy verbringen

Waaaaaaas? Das geht doch gar nicht! Ich muss doch erreichbar sein – für die Kinder, die Eltern, die beste Freundin, die Kollegin...
Ein gemeinsames Wochenende ohne Handy bringt euch Qualitätszeit pur. Nur ihr zwei! Absolut entspannt. Nichts, was dazwischenkommen könnte. Am besten irgendwo auswärts oder unterwegs und nicht in den eigenen vier Wänden, wo es vielleicht noch einen PC, eine Klingel, einen Fernseher gibt. Digital Detox wird eurer Beziehung unheimlich viel Nähe, Zeit für Gespräche, Zweisamkeit, Sex, Bewusstheit, Besinnung auf das wirklich Wichtige geben. Genießt die Ruhe und die dadurch frei gewordene Zeit!
Vielleicht fühlt es sich beim ersten Mal ungewohnt an. Vielleicht habt ihr noch eine innere Unruhe und rennt am Ende der Zeit erwartungsvoll zu euren Handys. Aber ihr werdet die handyfreien Wochenenden lieben lernen. Und vielleicht werden sie zu einem schönen Ritual mehrmals im Jahr oder sogar jeden Monat einmal.

135 Rituale und Traditionen festlegen

Jeder kennt Traditionen aus seiner Kindheit, wie zum Beispiel den Ablauf zu bestimmten Feiertagen wie Weihnachten oder Ostern. Vielleicht hat das bei euch sogar schon einmal zu Unstimmigkeiten geführt. „Bei uns gibt es am Heiligabend immer Kartoffelsalat. Vorher wird in die Kirche gegangen und nach dem Abendessen ist Bescherung." „Bei uns gab es die Geschenke am Nachmittag und danach ging es zu den Großeltern." Solche liebgewonnenen Traditionen möchte keiner gern ablegen. Oft muss dann einer einen Kompromiss eingehen oder es kommt sogar zu Streit.

Was wäre denn, wenn ihr eure eigenen Rituale einführt? Ganz anders als gewohnt. Zum Beispiel könnte am Heiligabend gegrillt werden und ein Feuerchen mit Glühwein den Nachmittag ausklingen lassen, bevor es dann nach einem wohligen, wärmenden und duftenden Bad in der kuscheligen Stube die Geschenke gibt.

Für euch absolut keine Option, die alten Regeln zu brechen? Dann erfindet das neue Ritual für den ersten Weihnachtsfeiertag. Ladet dazu die Familie ein. Es werden bestimmt alle cool finden, schon weil es mal etwas ganz anderes ist.

Auch übers Jahr könnt ihr eure eigenen Rituale kreieren. Am ersten Mai gibt es ein großes Familienfest ohne konkreten Anlass, sondern einfach, weil es ab jetzt immer so ist. Am letzten Wochenende im August ist ein Ausflug mit den besten Freunden. Am ersten Novemberwochenende fahrt ihr immer zur Wellness. Jeden ersten Freitag im Monat wird mit den Nachbarn gemeinsam gekocht.

Feste Termine sind von Vorteil, weil es dann keine Ausreden gibt. Sie sind fix und unumstößlich. Außerdem erleichtern sie die Organisation, weil die Abläufe zur Routine werden. Rituale geben euch einen Fahrplan durchs Jahr und das Gefühl von mehr Sicherheit im Leben.

136 Eine Lesung veranstalten

Du hast gerade ein Buch gelesen und es war so spannend, dass es dein Partner gleich auch noch verschlungen hat? Dann veranstaltet doch mal eine Buchlesung bei euch zu Hause oder in einem geeigneten Raum – je nachdem, wie viele Leute ihr kennt und dazu einladen wollt. Ihr erzählt den groben Inhalt des Buches und lest dann jeder eure Lieblingspassagen vor. So könnt ihr das Buch, von dem ihr so begeistert wart, anderen weiterempfehlen. Wenn ihr es ganz clever machen wollt, dann dürft ihr sogar noch finanziell davon profitieren, indem ihr euch als Affiliate für das Buch anmeldet. Mehr zum Thema Affiliate-Marketing erfahrt ihr im Kapitel Geld generieren.
Ihr habt selbst ein Buch geschrieben? Umso besser! Dann stellt es euren Freunden und Verwandten in gemütlicher Runde vor. Mit solch sympathischem Marketing sorgt ihr automatisch für mehr Sichtbarkeit und Käufer. Viel Erfolg dabei!

137 Einen Fotoabend veranstalten

Ihr habt eine schöne Reise hinter euch und möchtet gerne all eure Freunde daran teilhaben lassen? Früher hat man noch das berühmte Fotoalbum angefertigt und zum Besuch zu anderen mitgenommen. Heute landen die zahllosen digitalen Fotos auf einer Festplatte und keiner bekommt sie zu Gesicht. Wenn ihr ganz begeistert von euren Erlebnissen erzählt, wird vielleicht gerade mal noch das Handy gezückt, um zwei, drei Bilder zu zeigen. Aber das war es dann auch schon.

Veranstaltet doch stattdessen einen richtig schönen Fotoabend. Sucht die besten Bilder aus, besorgt euch vielleicht einen Beamer oder schließt eure Festplatte an den großen Fernseher an. Reicht die landestypischen Getränke und spielt im Hintergrund die Musik, die ihr aus eurer Reise vor Ort gehört habt. So wird euer Fotoabend zu einem Erlebnis für alle Sinne und sicher vielen in guter Erinnerung bleiben.

138   Eine gemeinsame Freizeitaktivität aussuchen

Der Alltag hat euch voll im Griff. Eventuell geht jeder von euch noch seinem eigenen Hobby nach. Hin und wieder trefft ihr euch mit Freunden. Aber ihr beiden zusammen habt neben dem alltäglichen Wahnsinn wenig Zeit zusammen.

Sucht euch doch eine Freizeitaktivität aus, die ihr nicht nur mit euren Freunden teilt, sondern ganz exklusiv mit eurem Partner, und zwar regelmäßig. Selbst wenn ihr komplett verschieden seid und eure Interessen in ganz andere Richtungen gehen, bin ich überzeugt, ihr findet etwas für euch zwei.

Geht gemeinsam in die Sauna. Macht täglich zusammen Yoga. Lest euch gegenseitig jedes Wochenende aus einem Buch vor. Beginnt zu tanzen. Was auch immer, macht es vor allem regelmäßig, als Ritual, gemeinsame Zeit und mit Spaß für euch beide. Vielleicht habt ihr ja auch hier im Buch schon neue Ideen für gemeinsame Aktivitäten sammeln können.

139   An einer Demo teilnehmen

Ihr habt eure konkrete Meinung zu aktuellen Themen, seid mit manchem nicht einverstanden oder möchtet bestimmte Gruppen oder Ansichten unterstützen. Dann tut es doch öffentlich. Hinter verschlossenen Türen zu schimpfen oder zu debattieren, bringt niemandem etwas. Dafür gibt es zu zahlreichen Themen in größeren Städten Demonstrationen. Engagiert euch und schließt euch den Menschen an, die die gleiche Meinung vertreten wie ihr! Traut euch, denn mutige Menschen sind wichtig für positive Veränderungen.

140 Social Media Detox

Wie oft nimmst du am Tag dein Handy in die Hand, um in irgendwelchen Social Media Kanälen zu scrollen, zu lesen, zu liken? Hast du dich schon einmal selbst beobachtet und bemerkt, wie viel Zeit dabei vergeht? Und wie oft bist du danach eigentlich eher verstimmt, weil du entweder die tollen Fotos und Beiträge der anderen Menschen gesehen hast und dir wünschst, du hättest das auch, oder weil dich bestimmte Posts absolut aufregen? Weißt du, wie viel wertvolle Zeit du damit verschwendest, die du viel besser deinem Partner schenken könntest? Und weißt du eigentlich, wie sehr diese Reizüberflutung dich stresst und dich ganz anders reagieren lässt, als du es vielleicht willst?

Nehmt euch gemeinsam eine bestimmte Zeit, zum Beispiel eine Woche, in der ihr beide komplett auf Social Media verzichtet. Und das umfasst nicht nur Facebook, Instagram, Pinterest, Tik Tok und Twitter, sondern auch Videos auf YouTube oder Werbeanzeigen o.ä.

Ihr werdet staunen, wie viel Zeit ihr plötzlich gewinnt, in der ihr einem sinnvollen Hobby nachkommen könnt, vielleicht gemeinsam mit eurem Partner.

141 Stammbaum

Onkel Dingsbums, wie hieß er doch gleich? Und war das der Schwager oder Cousin meiner Mutter? Wer war noch mal der Bruder meines Opas? Gehört die geschiedene Frau meines Vetters eigentlich noch mit zu uns? Und wer gehört überhaupt alles zur Familie? Ahnenforschung ist ein weites und spannendes Feld. Ein lohnenswerter Anfang ist das Erstellen eines Stammbaums. Wenn ihr selbst nicht mehr weiter kommt, weil euch Namen und Zugehörigkeiten fehlen – und das ist meistens ziemlich schnell der Fall – dann fragt euch durch die Familie durch. Am besten ist es, wenn ihr von den Familienmitgliedern auch noch Fotos auftreiben könnt und dazuklebt. Ich wünsche euch viel Spaß beim Forschen und Erfassen und Staunen. Wer weiß, mit welch berühmter Person ihr am Ende weitläufig verwandt seid, ohne dass ihr bisher davon wusstet.

142 Rollentausch

Nein, ihr sollt nicht als Mann in Frauensachen herumlaufen und umgekehrt. Aber in fast allen Partnerschaften spielen sich doch bestimmte Rollen mit der Zeit ganz von allein ein. Jeder hat seine Aufgaben, die er selbstverständlich übernimmt. Meistens ist der Mann eher der Handwerker, die Frau fürs Kochen, Putzen und die Kinder verantwortlich. In der heutigen Zeit hat sich das bereits gut gemischt. Vielleicht sind manche Tätigkeiten bei euch genau andersherum verteilt. Dennoch macht selten jeder alles.

Macht hin und wieder bewusst das Gegenteil. Jeder Partner übernimmt die gewöhnlichen Aufgaben des anderen. Natürlich ist dabei ein wenig Toleranz dem anderen gegenüber erforderlich. Möglicherweise dürft ihr beim ersten Mal auch Hilfestellung geben. Vielleicht dauert alles etwas länger oder ist weniger perfekt als gewöhnlich. Aber ihr lernt euren Partner viel mehr wertschätzen. Ihr macht euch seine Stärken und Talente mehr bewusst. Ihr erfahrt, mit welchen Problemen er bei seinen Aufgaben eventuell zu kämpfen hat. Und ihr sprecht zukünftig immer mehr eine gemeinsame Sprache, wenn es um Ziele, Pläne und Schritte geht.

Das ist es uns wert

143 In einem Oldtimer fahren

Unser Alltag ist hektisch und unsere Autos können uns oft gar nicht schnell genug ans Ziel bringen. Wie wäre es denn, einmal ganz entspannt und bewusst durch die Landschaft zu cruisen? Und das natürlich mit einem passenden Gefährt.
Mietet euch an einem sonnigen Tag einen Oldtimer, vielleicht als Cabrio, und startet hinaus in die Natur. Fahrt einmal ganz bewusst und nicht nur, um irgendwie von A nach B zu kommen. Genießt die Natur, die frische Luft, die um die Nase weht, lauscht dem satten Klang des Motors. Das passende Outfit mit einem schicken Tuch und einem smarten Cap auf dem Kopf, Sonnenbrille und ein Picknick im Gepäck machen diesen Ausflug zu einem vollkommenen Tag.

144 Die Autos eurer Kindheit ausleihen

Erinnert ihr euch noch, in welchen Autos ihr als Kinder durch die Gegend chauffiert wurdet? Bei mir war es ein Lada. Tatsächlich bin ich seitdem nie wieder mit einem Lada gefahren und habe keine Ahnung, wie sich das heute anfühlen würde. Eins ist sicher, Kindheitserinnerungen würden wieder hochkommen.
Bei dem Gedanken daran fällt mir sofort ein, dass mir als Kleinkind öfters übel wurde beim Autofahren. Das wurde noch schlimmer, wenn meine Omi mit an Bord war. Ich mochte sie sehr, aber sie hatte bei Sonntagsausflügen immer dieses furchtbare Parfum aufgelegt. Außerdem erinnere ich mich an unsere Urlaubsfahrten nach Ungarn, wo es dann auf der Rückbank schon mal heftige Streitereien mit meinem großen Bruder gab.
Leiht euch doch einmal die Autos eurer Kindheit aus! Neben den Erinnerungen bringt euch das garantiert auch jede Menge Spaß, wenn ihr seht und spürt, mit welch simpler Ausstattung eure Eltern früher so unterwegs waren.

145 Eine romantische Kutschfahrt machen

Eine Kutschfahrt nur für euch zwei, wie romantisch! Dabei ist es völlig egal, ob das im Winter oder in einer anderen Jahreszeit stattfindet. Nehmt euch ein leckeres Getränk mit und genießt die Zweisamkeit in der Natur. Sucht euch selbst eine schöne Route durch die idyllische Landschaft aus und genießt die Aussichten. Wenn ihr außerdem noch Tierliebhaber oder Pferdefans seid, macht das die Tour zu einem noch lohnenswerterem Erlebnis.

146 Paar-Fotoshooting

Schnappschüsse mit dem Handy macht wahrscheinlich jeder hin und wieder. Dann versauern die digitalen Bilder auf irgendeiner Festplatte oder auf dem Handy. Ein Paar-Fotoshooting verschafft euch nicht nur richtig tolle, hochwertige Fotos, die sich auch wunderbar als Geschenk eignen. Das Fotoshooting an sich ist ein Erlebnis für sich. Nehmt euch genügend Zeit, seid entspannt und offen. Ihr könnt selbst wählen, was euch besser gefällt – in der Natur, zu Hause oder im Studio, von romantisch bis erotisch. Eurer Fantasie sind keine Grenzen gesetzt. Und der professionelle Fotograf mit seiner Erfahrung, seiner Kreativität und seinem Blick fürs Detail wird eure Ideen zu einem Hingucker der Extraklasse machen.

147 Spontan einen Flug buchen

Ein absolutes Highlight im Jahr kann es für euch als Paar werden, wenn ihr für eine Woche oder auch nur für ein langes Wochenende einen „Flug ins Blaue" unternehmt. Ihr legt vorher fest, wie hoch euer Budget dafür maximal sein soll und packt eure Taschen so, dass ihr für alle Eventualitäten ausgestattet seid. Das heißt, es braucht für ein paar Tage keine 10 Kleider, sondern lieber 2 Kleider, lange Hose, wenige Shirts, einen dicken Pullover, ein paar feste Schuhe + Sandalen, Badesachen und eine Regenjacke – oder so ähnlich.

Dann fahrt ihr morgens zum nächstgelegenen Flughafen. Stellt euch vor die Abflugtafel und schaut, welche Flüge zum Beispiel genau in zwei Stunden starten. Den ersten davon wählt ihr aus. Dabei ist es völlig egal, ob das eine Stadt im eigenen Land ist oder eine Insel auf den Kanaren oder in der Karibik. Das Auswahlprinzip ist hier nur ein Vorschlag. Ihr legt das vorher für euch selber fest, wie ihr den Flug finden wollt.

Warum das Ganze? Ihr brecht aus eurem Alltag komplett aus. Ihr könnt euch auf eine Überraschung freuen, wie kleine Kinder zu Weihnachten. Schließlich weiß keiner von euch, was dieses Mal „im Sack ist". Ihr verschwendet nicht so viel Zeit mit der Reisevorbereitung, weil ihr gar nicht wisst, worauf ihr euch vorbereiten sollt. Ihr vermeidet eventuelle Diskussionen um das Reiseziel. Am Urlaubsort kann keiner meckern, weil es ihm dort nicht gefällt bzw. dem anderen nicht die Schuld dafür geben. Ihr lernt, unvorbereitete Situationen gemeinsam zu meistern. Ihr kommt in Gegenden, die ihr sonst nie ausgewählt hättet und lernt Neues und Ungeahntes kennen. Diese Erlebnisse schweißen eure Partnerschaft enorm zusammen.

148 Kleine und große Reiseziele

Mancher verreist lieber im eigenen Land, andere wiederum zieht es in die Ferne. Wenn ihr diesbezüglich gleich tickt, umso besser. Wenn nicht, dann ist es wichtig, einen gerechten Ausgleich für beide Partner zu schaffen.
Schreibt eure Wunschreiseziele auf die Bucket List. Das kann eine ganz große Reise sein wie eine Safari in Afrika oder auch ein Wochenend-Städtetrip nach Hamburg mit Musical-Besuch. Schreibt alles auf, was euch interessiert und was ihr unbedingt machen möchtet. Bei unterschiedlichen Interessen sorgt dafür, dass jeder auf seine Kosten kommt. Wenn ihr ähnlich denkt, dann fallen euch vielleicht beim Brainstormen auch noch ein paar Orte ein, die sonst nicht „in euer Raster passen".
Ich bin zum Beispiel eher der Natur-Fan und fahre gerne dorthin, wo sich Berge und Meer „treffen", weil ich dort sowohl entspannen kann, als auch wandern und auf Berge klettern. Außerdem gibt es da Fisch und Meeresfrüchte, die ich über alles liebe. Meinem Partner geht es ähnlich. Deswegen sind wir viel in unserem Camper unterwegs. Dennoch planen wir hin

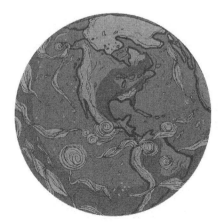

und wieder eine Städtetour wie zum Beispiel London, Lissabon oder irgendwann auch mal New York, weil auch die ihre Reize haben.
Tragt alles zusammen, was euch einfällt. Bei uns ist das übrigens einer der längsten Punkte auf der Bucket List.

149 An einer Versteigerung teilnehmen

3 – 2 – 1 – meins! Habt ihr schon mal an einer Versteigerung teilgenommen? Wenn nicht, dann solltet ihr das unbedingt einplanen! Es gibt öffentliche Versteigerungen für alles Mögliche. Zum Beispiel werden regelmäßig Dinge versteigert, die sich in Fundbüros angesammelt haben oder die von der Polizei oder vom Zoll beschlagnahmt wurden. Vielleicht habt ihr auch Interesse an einer günstigen Immobilie, die zum Beispiel nach Scheidungen, Erbauseinandersetzungen oder Insolvenzen zwangsversteigert werden. Aber schon allein die Teilnahme an einer Auktion oder Versteigerung ist interessant, auch ohne, dass man selbst etwas ersteigern will. Die Termine erfahrt ihr im Internet.

150 Einen Nacht-Flohmarkt besuchen

Abends mal schön weggehen, damit verbindet man am ehesten eine Disco, ein Theater, ein Konzert oder einen netten Restaurantbesuch. Aber es gibt noch viel mehr, zum Beispiel Nacht-Flohmärkte. Behaglich durch die Reihen bummeln und shoppen auf die gemütliche Art. Das macht sowohl Spaß, wenn ihr etwas Konkretes sucht, als auch, wenn ihr einfach mal schauen wollt. Meine Erfahrung ist, dass man immer etwas findet, was einem gefällt und zum kleinen Preis zu bekommen ist. Oft sind das Dinge, die man schon lange im Hinterkopf hat, und die Freude ist demzufolge groß.

151 Lotto spielen

Lotto spielen ist nur etwas für alte Leute? Oder für ganz naive Menschen, die wirklich glauben, dass sie da etwas gewinnen könnten? Es ist wahr, es gibt sicherere Wege, um Geld zu generieren. Aber warum nicht jede Chance nutzen? Auch wenn ganz viel Glück und Zufall mit im Spiel ist, es könnte ja klappen! Ein Los kostet nicht die Welt und manchmal tut ihr damit sogar noch etwas Gutes, weil ein Teil davon in soziale Projekte fließt. Auf alle Fälle habt ihr ein paar Tage Vorfreude und dann einige spannende Minuten bei der Gewinnauslosung. Vielleicht seid ihr ja die nächsten großen Gewinner und könnt euch gleich einige Träume eurer Bucket List verwirklichen.

152 In jedem Land den höchsten Berg besteigen

Die Seven Summits zu besteigen ist der Traum vieler Bergsteiger. Dabei handelt es sich um den jeweils höchsten Berg eines Kontinents. Wenn ihr auch gerne kleine und große Berge erklimmt und die Aussicht vom Gipfel genießt, dann macht doch eine eigene Challenge auf euren Touren. Wo immer ihr seid, schaut ihr, welcher der höchste Berg des Landes oder des jeweiligen Bundeslandes ist. Und dann nichts wie hinauf zum Gipfelkreuz oder zum höchsten Punkt. Die 16 höchsten Berge oder Hügel in den deutschen Bundesländern sollten relativ einfach zu besteigen sein. Der höchste Berg jedes Landes, das ihr in euren Urlauben gerade bereist, könnte schon eine größere Herausforderung darstellen. Ein Vorhaben, das euch durch viele Jahr eurer Partnerschaft begleiten kann.

153 In einer Karaokebar singen

Wart ihr schon einmal in einer Karaokebar? Ich bin der Meinung, das macht nur richtig Spaß, wenn man selbst auch singt und nicht nur stiller und vielleicht noch kritischer Beobachter ist. Zugucken kann jeder. Mitmachen erfordert ein wenig Mut. Auch ohne Gesangsausbildung oder vorherige Übung melden sich hier viele „zu Wort". Hier geht es nämlich nicht um Perfektion, sondern um die Freude am Singen und Beisammensein. Macht euch nichts aus der Meinung der anderen und schon gar nicht derer, die sich selbst nicht trauen, ihr Bestes zu geben. Zeigt euch, wie ihr seid! Überwindet eure Angst und die Aufregung! Im Nachhinein wird euer Selbstbewusstsein einen großen Sprung gemacht haben. Vielleicht wird es ja euer neues Hobby, weil ihr merkt, dass es gar nicht so schlimm ist, wie ihr gedacht habt.

154 Tanzkurs

Eins, zwei, tip, eins, zwei, tip. Könnt ihr euch noch an eure Tanzstunden in eurer Jugend erinnern? Oder habt ihr gar keine mitgemacht? Die wenigsten Erwachsenen nutzen ihr Wissen von früher und gehen regelmäßig Tanzen. Und wenn, dann wird wie in der Disco getrennt getanzt und jeder macht „seinen eigenen Stiefel". Dabei sieht es toll aus, wenn Paare zusammen tanzen können. Und es macht Spaß, wenn ihr zu zweit das Parkett erobert und zu jeder Musik den für euch passenden Tanzstil findet. In einem Tanzkurs könnt ihr beiden neue Tänze und Tanzschritte lernen und üben oder noch mal auffrischen, so dass ihr bei jeder Party oder sonstigen Tanzgelegenheit ein gute Figur macht.

155 Ein Festival besuchen

Es gibt Festivals jeglicher Art. Einmal zu allen möglichen Musikrichtungen wie Rock, Pop, Jazz, Heavy Metal, Techno, Salsa, Folk, A Capella, Schlager, Klassik usw. Aber auch zu Yoga, Wave Gothic, Vanlife, E-Bike, Literatur und unzähligen denkbaren und undenkbaren Themen werden Festivals organisiert. Ein Wochenende auf einem Festival ist ein unvergessliches Erlebnis, vor allem weil es rund um euch von Gleichgesinnten wimmelt. Es ist wie eine kleine Auszeit, ein Mini-Urlaub, ein totales Abschalten vom Alltag. Auf alle Fälle lohnenswert!

156 Ein Konzert besuchen, zu dem ihr eigentlich nie gehen würdet

Ihr seid keine Jazz-Fans, hört euch auch keine derartige Musik freiwillig zu Hause an? Dann raus aus eurer Komfortzone! Begebt euch zu einem Konzert, wo ihr Jazz live geliefert bekommt. Gebt euch die volle „Dröhnung" und taucht ein in die Euphorie der anderen Konzertbesucher. Vielleicht verhilft euch der Rausch zu einer Vernetzung neuer Synapsen in eurem Gehirn und ihr lernt diese Musik lieben, mit der ihr bisher eher schlechte Erfahrung gemacht habt.

Du magst zwar Jazz, aber keine Klassik? Dann gilt für euch der Besuch eines Klassikkonzertes. Was auch immer die Musikrichtung ist, die ihr nicht ausstehen könnt, hin mit euch! Entweder ihr ändert dadurch eure Meinung oder lasst sie euch bestätigen. Den Versuch ist es allemal wert!

157 Ein Wochenende in einer einsamen Hütte verbringen

Zu Hause seid ihr zwar immer zusammen, vielleicht springen eure Kinder noch mit im Haushalt herum. Aber da gibt es auch stets die Alltagsaufgaben, Routinen, Ablenkungen, stressigen Herausforderungen... Ein Wochenende ganz für euch allein in einer Umgebung, wo ihr nicht gestört werdet, nichts nebenher tun müsst, nichts erledigt werden muss und ihr den eigenen vier Wänden einfach den Rücken kehren könnt, wo Ruhe herrscht und Entspannung angesagt ist – das ist ein Wochenende in einer einsamen Hütte. Mitten in der Natur, nur mit Vogelgezwitscher, dem Rauschen des Windes, dem Duft der Wälder und frischer Luft ringsumher. Zeit für euch zwei! Paarzeit auf höchstem Niveau!

158 Auf den Wochenmarkt gehen und spontan fürs Abendessen einkaufen

Was gibt's denn heute Abend zu essen? Diese Frage ist wohl eine der häufigsten im Alltag einer Familie. Dann wird überlegt, geplant, ein Einkaufszettel geschrieben, zum Supermarkt gefahren oder einfach der Kühlschrank „befragt", was noch vorhanden ist an Resten. Irgendwie gibt es dann auch immer wieder das Gleiche.
Eine viel bessere Lösung gibt es, wenn ihr in der Nähe hin und wieder einen Wochenmarkt habt. Geht einmal ganz unvorbereitet dahin, ohne Pläne und Rezepte im Hinterkopf. Schaut euch um, lasst euch inspirieren von den angebotenen Produkten, atmet die Düfte von Kräutern und frisch Gebackenem ein, betrachtet die Farbenvielfalt vom Obst und Gemüse und entscheidet aus dem Bauch heraus, was euch davon am meisten anspricht. Genau das wird euer Abendessen zu einem kulinarischen Highlight machen.

159 Zu einem Fußballspiel gehen

Auch wenn ihr nicht unbedingt die Fußballfans seid – Fußball ist der Lieblingssport der Deutschen und in aller Munde. Dabei muss es auch nicht unbedingt um den Profisport gehen. Fast jede Gemeinde hat ihre eigene Fußballmannschaft. Deswegen gehört es wohl irgendwie dazu, wenigstens einmal bei einem Fußballspiel dabei gewesen zu sein. Natürlich kann man das auch auf einem Dorfsportplatz beim Match der Heimdorfmannschaft mit 20 Zuschauern, die man wahrscheinlich alle kennt. Viel attraktiver ist ein Fußballspiel jedoch in einem großen Stadion mit Tausenden von Anhängern und jeder Menge Stimmung. Selbst wenn ihr die Bundesliga nicht wöchentlich im Fernsehen verfolgt, so ein Spiel live und in Farbe werdet ihr so schnell nicht vergessen.

160 Silvester im Ausland feiern

Meistens feiern wir den Jahresübergang mit Freunden oder Verwandten zu Hause oder im Ort auf einer Tanzveranstaltung. Zudem ist es zu Silvester in unseren Breiten Winter und gewöhnlich kalt. Wie langweilig und ungemütlich!
Ganz anderen Charme hat eine Silvesterfeier im Ausland. Das könnte natürlich eine Skialm in den benachbarten Alpenländern sein. Aber viel imposanter ist ein Silvester bei sommerlichen Temperaturen, vielleicht am Strand, in einer anderen Kultur mit skurrilen Sitten und Gebräuchen und verrückten Traditionen. Vielleicht beginnt dort das Neue Jahr auch schon einige Stunden eher als bei uns oder auch später, je nachdem wo ihr euch befindet. An diesen Jahreswechsel werdet ihr definitiv noch lange zurückdenken.
Ich war zum Beispiel mal am Jahresende in Florida. Was dort absolut schräg war nach meinem Empfinden, waren die Weihnachtsdekoration bei 30°C in den Palmen und die Weihnachtsaufführungen der Kinder in der Öffentlichkeit mit kurzen Höschen und luftigen Kleidern und dazu Weihnachtsmannmützen.

161 Erste Klasse Bahn fahren

In der ersten Klasse der Bahn sitzen meist Geschäftsreisende, die unterwegs in Ruhe arbeiten wollen. Sie reisen komfortabler, haben mehr Platz, bequemere Sitze, breitere Gänge, bessere elektronische Anschlüsse, kostenlose Tageszeitungen, WLAN und einen persönlichen Service am Platz. Der Otto Normalverbraucher fährt vielleicht noch als Pendler mit den öffentlichen Verkehrsmitteln zum Büro, ist aber in der Freizeit mit dem Auto unterwegs. Dabei kann Bahnfahren so entspannt sein, zumindest in der ersten Klasse.

Gönnt euch doch diesen Luxus auf eurer nächsten Kurzreise! Ihr könnt unterwegs lesen, euch entspannen und euch von der Bordgastronomie verwöhnen lassen. Die lästige Parkplatzsuche am Zielort und die stressige Navigation durch die fremde Stadt entfallen. Seid es euch wert!

162 Wohnungstausch

Ihr möchtet gern verreisen, wollt Land und Leute vor Ort so richtig kennenlernen und erfahren, wie die Menschen an eurem Zielort leben. Andererseits habt ihr vielleicht ein Haustier oder wollt eure Wohnung aus bestimmten Gründen nicht alleine lassen.
Dann denkt doch mal über einen vorübergehenden Wohnungstausch nach! Ihr verbringt euren Urlaub in der Wohnung einer anderen Familie, die in der Zwischenzeit bei euch wohnt und „ganz nebenbei" euren Briefkasten leert und euren tierischen Liebling betreut. Ihr selbst bekommt hautnah mit, wie das Leben in der fremden Welt abgeht. Außerdem ist die Sache kostengünstig. Es gibt im Internet verschiedene Portale für Interessenten von Wohnungs- oder Haustausch.
Wer sich inspirieren lassen möchte, wie erlebnisreich ein Wohnungstausch sein kann, der sollte sich den Film „Liebe braucht keine Ferien" mit Cameron Diaz und Kate Winslet anschauen. Dort tauschen zwar zwei Single-Frauen ihre Wohnung, aber die Idee des Wohnungstauschs und die unerwarteten Erfahrungen sind wundervoll verdeutlicht.

163 In einem Schloss übernachten

Brecht einmal aus dem Alltag aus mit einer kleinen Zeitreise in die Vergangenheit. Einmal Residieren wie der frühere Adel – in historischen Gemäuern fühlt ihr euch um Jahrhunderte zurückversetzt. In stilvollen Zimmern mit prunkvoller Ausstattung wohnt ihr herrschaftlich wie König und Königin, lasst euch von „Dienern", hier dem Zimmerpersonal, verwöhnen und genießt bei einem fürstlichen Mahl den Blick auf den Schlossgarten mit seinen plätschernden Springbrunnen. Im gemütlichen Kerzenschein lasst ihr euch den besten Trunk aus dem Schlosskeller munden und entspannt bei dezenter Musik.

Vielleicht habt ihr es lieber etwas rustikaler. Dann nehmt an einem Ritteressen teil und erlebt in mittelalterlichem Ambiente deftige Genüsse und ein unterhaltsames Abendprogramm.

164 Glamping

Habt ihr schon mal das Wort Glamping gehört? Es setzt sich zusammen aus den englischen Wörtern Glamourous und Camping, bedeutet also so viel wie luxuriöses Camping. Man könnte auch von Komfort- oder Nobelcamping sprechen.
Selbst wenn ihr keine Camping-Fanatiker seid, solltet ihr ein Wochenende in einer Glamping-Unterkunft unbedingt ausprobieren. In urigen Behausungen habt ihr eine großzügige  Ausstattung, manchmal mit eigener Sauna oder einem Whirlpool, Hängematten usw. Meist handelt es sich um große Zelte, Jurten, Fässer, Baumhäuser, Glaskugeln, Bungalows, Tiny-Häuser o.ä. Manchmal wird sogar von Glamping-Hotels gesprochen. Aber immer sind sie eingebettet in traumhafte Natur und bieten himmlisch ruhige Erholung. Anbieter gibt es inzwischen viele.

165 Auf eine kleine Insel fahren

Endlich mal Ruhe haben, keine Leute treffen, ganz in der Natur sein, den Wind auf der Haut spüren, den Meereswellen lauschen, die Möwen kreischen hören, den Blick in die Ferne schweifen lassen, Zweisamkeit genießen, Spaziergänge im Sand, der die Füße umschmeichelt. All das bekommt ihr auf einer kleinen Insel. Erholung pur! Vielleicht habt ihr Glück und es gibt keinen Handyempfang. ;-) Wenn ihr dann noch mit einer Flasche Wein am Strand den Sonnenuntergang beobachtet, könnt ihr wunderbar über gemeinsame Träume und Ziele sinnieren. Ein absoluter Booster für eure Partnerschaft.

166 Eine Nacht im Kloster verbringen

Alltäglicher Wahnsinn mit Job, Haushalt und vielleicht noch Kindern, außerdem die ständige Erreichbarkeit, maßlos viele Angebote überall, Reizüberflutung, Lautstärke, Stressgefühle. All das ist Gift für eine glückliche und erfüllende Partnerschaft. Wer sehnt sich nicht in seinem tiefsten Inneren nach mehr Ruhe, Entspannung und Ausgeglichenheit?
Ihr habt die Wahl! Auch wenn es in der heutigen Zeit und unserer Gesellschaft schwerfällt, aber jeder kann selbst bestimmen, wie gestresst oder entspannt er durchs Leben geht. Tut eurer Beziehung etwas Gutes, indem ihr gemeinsam ganz bewusst einmal abschaltet und euch für ein paar Tage verabschiedet vom schädlichen Trubel.
Ein Kloster bietet dafür eine einzigartige Gelegenheit. Es ist der richtige Ort, um eine bewusste Auszeit zu verleben und Stresshormone abzubauen.

167 Orte der Kindheit besuchen

Ihr habt in eurem Leben schon an verschiedenen Orten gewohnt und eure frühere Heimat schon länger nicht mehr gesehen? Dann besucht doch einmal gemeinsam die Plätze, an denen ihr eure Kindheit verbracht habt. Stromert durch die Gegend, zieht um die Häuser, lauft über euren ehemaligen Schulhof, den Sportplatz und den Spielplatz und schaut, ob es die Läden von früher noch gibt. Wahrscheinlich wundert ihr euch, dass die Wege viel kürzer sind als früher, Erzählt eurem Partner eure Kindheitsgeschichten, die vor Ort wieder in euch wach werden.

168 Komplett anders Reisen als sonst

Wahrscheinlich habt auch ihr eure bevorzugte Urlaubsvariante. Entweder mit dem Flugzeug zur Erholung auf die nächste Insel oder zur Fernreise auf einen anderen Kontinent, mit dem Auto an die See oder in die Berge oder vielleicht sogar mit dem Rad einen Fluss entlangfahren. Vielleicht ist es auch eine Kombination von all dem.
Warum nicht auch mal ganz anders reisen? Statt in die Ferne zu schweifen, einmal zu Fuß über die Alpen zu gehen. Oder statt dem Urlaub in einem Ferienhaus im eigenen Land mal auf einem Esel durch die Mongolei reiten. Vielleicht ist auch eine Bahnreise mal eine willkommene und entspannte Abwechslung und ungeahnt schöne Erfahrung.
Meistens sind wir gefangen in unserer Komfortzone. Wir nutzen und tun das, was wir kennen und für gut befunden haben. Dabei bietet gerade das Neue so viel Potential, um aus alten Routinen auszubrechen und das Leben zu bereichern. Traut euch, etwas anders zu machen!

„Das Leben beginnt außerhalb deiner Komfortzone." (Neale Donald Walsch)

169 Die Drehorte eurer Lieblingsfilme besuchen

Welches sind eure Lieblingsfilme? Und wo wurden diese gedreht? Stellt euch vor, ihr wandert wie Frodo und Sam durch das Auenland, besucht die Höhlenhäuser der Hobbits oder lasst euch von einem der vielen Statisten der Herr-der-Ringe-Filme zeigen, wo er gegen Orks oder die Truppen Saurons gekämpft hat. Wäre das nicht eine Reise nach Neuseeland wert?

Vielleicht steht ihr auch eher auf Rosamunde Pilcher? Dann schaut euch die traumhafte Südküste Englands oder die Amalfiküste in Italien an. Oder verfolgt das Treiben der italienischen Mafia aus dem Film „Der Pate" auf Sizilien.

Was auch immer euch begeistert, fühlt euch einmal wie die Stars eurer Lieblingsmovies oder Serien. Und wenn ihr sie danach noch einmal anseht, dann seid ihr quasi mittendrin im Geschehen.

170 Einen Pilgerweg gehen

In allen großen Religionen der Welt gibt es heilige Orte und damit auch Pilgerwege, auf denen die Gläubigen ihre Wallfahrt zurückgelegt haben. Der bekannteste in Europa ist der Jakobsweg nach Santiago de Compostela in Nordspanien. Aber auch in Deutschland gibt es mehrere Pilgerwege, zum Beispiel den Bonifatiusweg von Mainz nach Fulda oder den Crescentia-Pilgerweg im Allgäu.
Ihr müsst nicht unbedingt gläubig sein, um heutzutage einen Pilgerweg zu gehen. Viele nutzen die Zeit der Wanderung zur Sinnsuche und Selbstfindung. Manche wollen sich im Verzicht üben oder sehen es als sportliche Herausforderung. Aber auch, um vom Alltag abzuschalten und zur Ruhe zu kommen, der Natur nah zu sein und nachhaltig zu reisen, kann das Pilgern eine gute Wahl sein.

171 Ein Wochenende in einem Romantikhotel

Euer Hochzeits- oder Kennenlerntag kann ein guter Anlass sein, um ein Wochenende in einem Romantikhotel zu verbringen. Denn wenn wir mal ganz ehrlich zu uns selbst sind, ist Romantik das, was im Laufe der Zeit neben all den „wichtigen" Dingen des Alltags total auf der Strecke bleibt. Romantik bedeutet, dem Partner das Gefühl zu geben, dass er oder sie etwas ganz Besonderes ist. Während das zu Beginn einer Beziehung wichtig ist, damit eine Partnerschaft überhaupt zustande kommt, braucht man es nach einer Weile nicht mehr. Der Partner ist wie selbstverständlich da und alles läuft so von allein. Dabei ist es genau diese romantische Zweisamkeit, die die Liebe fördert. Romantische Gesten zeigen dem anderen Wertschätzung. Und das ist doch in allen Phasen einer Beziehung wichtig, oder?

172 In einem Iglu übernachten

Ihr wollt ein ganz besonderes Erlebnis, das nicht alltäglich ist? Dann bucht euch eine Übernachtung in einem Iglu! In den Alpen gibt es im Winter mehrere Möglichkeiten dazu. Lasst den Blick über die atemberaubenden Berge schweifen. Seht den Schnee eurer Behausung in der Sonne glitzern. Bestaunt den klaren Sternenhimmel. Freut euch auf ein leckeres Schlemmermahl. Oft gibt es noch einen heißen Whirlpool unter freiem Himmel. Dann kriecht ihr in eure super warmen Schlafsäcke und kuschelt euch aneinander. Morgens gibt es noch ein üppiges Frühstück, bevor ihr wieder vom Berg absteigt. Eins ist gewiss. Dieses Erlebnis wird unvergesslich bleiben.

173 Bogenschießen

Habt ihr euch schon einmal wie die Indianer gefühlt? Und das nicht nur beim Fasching im Kindergarten? Dann probiert es doch mal mit Bogenschießen. Bogenschießen ist ein cooler Ganzkörpersport. Es kommt auf die richtige Körperhaltung an, um sein Ziel gut treffen zu können. Viele Muskelgruppen werden dabei angespannt. Außerdem sorgt der Wechsel von Spannung und Entspannung dafür, dass du deinem Körper mit jedem Schuss etwas Gutes tust. Auch fördert Bogenschießen das Vertrauen in die eigenen Fähigkeiten und stärkt somit das Selbstbewusstsein. Es ist für jeden Menschen geeignet, egal welche Körperstatur oder welches Alter er hat.
Möglichkeiten zum Bogenschießen gibt es überall. Ihr findet sie garantiert im Internet. Meistens schießt man mit Pfeil und Bogen draußen in der Natur auf Zielscheiben oder auch in der Halle. Manchmal gibt es einen Parcours in der Landschaft, so dass ihr dabei wunderbar an der frischen Luft dem Alltag entfliehen könnt.

174 Ein Survivaltraining machen

Zum Glück leben wir hier in Mitteleuropa privilegiert. Wir haben ein Dach überm Kopf, ein warmes Bett, heißes Wasser aus der Leitung und können fast rund um die Uhr im Supermarkt etwas zu essen kaufen. Für jede Krankheit gibt es ein Mittel in der Apotheke. Wenn wir einen Weg nicht genau kennen, wird das Navi befragt. Und gegen ungebetene Eindringlinge gibt es eine Haustür, die wir verschließen können. Für uns ist das alles ganz selbstverständlich.
Aber was wäre, wenn diese Annehmlichkeiten plötzlich weg wären? Wie könnten wir in der Natur überleben? Genau das lernt ihr in einem Survivaltraining. Wo findet ihr Trinkwasser in der Natur? Wie macht ihr Feuer, sowohl zum Kochen als auch zum Wärmen? Welche Pflanzen könnt ihr essen? Wie baut man sich aus Naturmaterialien eine Behausung und ein Nachtlager? Wie wehrt ihr wilde Tiere ab? Womit orientiert ihr euch im Gelände? Erste Hilfe bei Notfällen. All das kann euch auch bei unvorhergesehenen Zwischenfällen auf Wanderungen und Ausflügen zugutekommen. An einem Survivaltraining teilzunehmen, ist demzufolge eine gute Entscheidung für euer Leben.

175 Blindbooking

Blindbooking bedeutet, dass ihr zu einem festgelegten Preis eine Reise bucht, ohne zu wissen, wohin es euch verschlägt. Ganz nach dem Motto: lass dich überraschen! Ihr legt bei der Buchung euren zeitlichen Rahmen fest und könnt eure Wünsche angeben, also ob ihr an den Strand oder in eine Stadt reisen wollt. Orte, an die ihr nicht möchtet, wählt ihr einfach ab. Erst nach der Buchung erfahrt ihr, wo die Reise hingeht, und könnt euch noch ein wenig darauf vorbereiten. Dafür sind euch Günstigpreise garantiert. Natürlich braucht ihr dafür ein wenig Flexibilität und Spontanität. Aber ihr spart euch Zeit und Nerven für die Suche und lernt dafür neue Orte kennen, an die ihr sonst vielleicht gar nicht gefahren wäret. Blindbooking eignet sich deshalb gut für Last-Minute-Buchungen. Egal, ob nur Flug, Flug + Hotel oder eine Pauschalreise – so sichert ihr euch echte Schnäppchen und entdeckt gleichzeitig die Welt ganz neu.

176 Open air Kino

Im Sommer hat man selten Lust, in ein Kino zu gehen. Draußen ist es super angenehm, bis in die Abendstunden weht ein laues Lüftchen und es ist lange hell. Dennoch möchtet ihr vielleicht mal wieder einen Film auf großer Leinwand anschauen? Dann geht in ein Open air Kino! Unter freiem Himmel wird oft ein abwechslungsreiches Filmprogramm geboten, von alten Klassikern bis zu den Kino-Hits der letzten Saison. Open air Kinos findet ihr sowohl an großen Schauplätzen als auch in versteckten Hinterhöfen und alle haben ihr eigenes Flair.

177 An einer Vernissage teilnehmen

Ursprünglich wurde als Vernissage die Fertigstellung eines Gemäldes bezeichnet, auf das zum Schutz der sogenannte Firnis, ein Klarlack, aufgetragen wird. Das wurde damals im kleinen Kreis mit Freunden gefeiert. Später wurde daraus die feierliche Eröffnung einer Ausstellung, bei der der Künstler anwesend ist und seine Werke vorgestellt werden. Meist ist es ein sehr unterhaltsames Event mit musikalischer Umrahmung und einigen Höhepunkten. Für euch eine gute Gelegenheit, direkt mit dem Künstler ins Gespräch zu kommen und natürlich einen wunderschönen Abend zu verbringen.

178 Bowling

Für manche ist Bowling ein richtiger Sport und es werden harte Kämpfe ausgefochten. Aber ein Bowlingabend kann auch einfach nur eine willkommene Abwechslung vom Alltag sein. Dafür braucht es keine große Vorbereitung. Wenn euer Arbeitstag mal wieder so richtig nervig war, dann nehmt den Hörer in die Hand und reserviert euch kurzfristig eine Bahn beim nächstgelegenen Bowlingzentrum. Nach einer Stunde Bowling habt ihr euch nicht nur körperlich betätigt, statt auf der Couch zu sitzen, sondern auch gleich alle nervliche Anspannung des Tages heraus gepowert.
Ihr habt keine Bowlingbahn in eurer Nähe, sondern müsst weiter fahren? Dann macht daraus einen geselligen Abend am Wochenende. Vielleicht ist das gleichzeitig eine gute Gelegenheit, um Freunde wiederzutreffen und den Abend gemeinsam zu verbringen.

179 Bergbesteigung mit Hüttenübernachtung

Ein Wochenende in einer Berghütte kann der Beginn einer lebenslangen Liebe zum Berg sein, denn eine Hüttenübernachtung ist ein besonderes Erlebnis. Bereits beim Aufstieg zur Hütte werdet ihr den Alltag komplett vergessen. Ganz in eurem Tempo geht ihr den Weg durch Wiesen und Wälder oder bereits über Geröll und Gestein, begleitet vom Geläut der Kuhglocken und vorbei an zahlreichen Alpenblumen. Je nachdem, wie hoch die Hütte eurer Wahl liegt, habt ihr vielleicht das Glück, Murmeltiere, Gämsen oder Steinböcke zu entdecken. Am Ziel gibt's eine zünftige Jause, einen Willkommenstrunk und als Krönung einen faszinierenden Sonnenuntergang über den Gipfeln der umliegenden Bergketten. Ein uriger Hüttenabend unter Gleichgesinnten, vielleicht mit Gesang zur Gitarre oder zur Harmonika, kann das Highlight eures Aufenthaltes werden. Ihr schlaft idealerweise in eurem eigenen Zimmer oder nehmt euch Oropax gegen die Schnarchgeräusche im Schlaflager mit. Früh wacht ihr vom rauschenden Wasserfall auf und startet direkt zur Gipfelbesteigung oder steigt gemütlich wieder von der Hütte ab ins Tal.

Wahrscheinlich merkt ihr, dass ich hier voller Begeisterung spreche. Denn eine Hüttenwanderung ist tatsächlich ein tolles Ereignis für jedermann. Hütten gibt es in den Alpen in allen möglichen Höhenlagen und für jeden Schwierigkeitsgrad. Selbst als Anfänger werdet ihr fündig. Schreibt mir gerne, welche Hütte ihr empfehlen könnt und wo ihr euch besonders wohlgefühlt habt.

180 In einem Rennwagen fahren

Formel 1 gehört zu den beliebtesten Sportarten der Deutschen, die sie im Fernsehen verfolgen. Persönlich bei einem Formel 1 Rennen irgendwo in Europa oder der Welt dabei zu sein, ist wahrscheinlich ein Highlight der Extraklasse für die richtigen Fans. Aber auch in Deutschland sind die Tickets für die Deutschen Tourenwagen Meisterschaften oder andere Motorsportveranstaltungen heiß begehrt.

Wie muss es sich da erst anfühlen, selbst in einem Rennwagen über eine Rennstrecke zu fahren? Auf fast allen deutschen Rennstrecken gibt es die Möglichkeit dazu, Rennautos als Pilot selbst zu fahren. Oder nutze ein sogenanntes Renntaxi und jage mit einem Profi am Steuer mit Highspeed über die Rennstrecke. Adrenalin pur und ein Muss für jeden Motorsport-Fan.

181 Rudern oder paddeln

Am Wochenende oder noch besser zum verdienten Feierabend nach der Arbeit – lasst Haushalt und Erledigungen einfach sein und nehmt euch eine kleine Auszeit. Leiht euch ein Boot zum Rudern oder Paddeln aus, je nachdem welche Möglichkeiten ihr in eurer Umgebung habt. Und los geht's über den See oder den Fluss entlang, um die Wette mit einem Entenpärchen. Genießt die frische Luft und die Bewegung nach dem Arbeitstag im Büro. Kostet die Ruhe zum Feierabend richtig aus und entgeht damit dem Trubel am Wochenende.

182 Unter Tage speisen

Im Restaurant wart ihr bestimmt schon unzählige Male. Aber habt ihr schon einmal ein ganz besonderes Mahl unter Tage erlebt? In zahlreichen Bergwerken kann man nicht nur an einer Führung teilnehmen und Wissenswertes über die Entstehung und Beschaffenheit der Gruben oder Stollen erfahren, sondern auch bei einem urigen Dinner echte Bergmanns-Atmosphäre erleben.

183 Eine Galerie besuchen

Gehört ihr zu den Kunstfreunden, die in jeder Stadt eine große Gemäldegalerie besuchen? Wenn nicht, dann möchte ich euch dennoch ans Herz legen, einmal in eine Galerie zu gehen. Mein Tipp: Es gibt überall Künstler, die nicht so bekannt sind, sondern die Malerei als Hobby betreiben. Auch diese Maler haben oft eine eigene kleine Galerie, die man besichtigen kann. Der Charme dabei ist, dass ihr euch direkt mit dem Künstler oder der Künstlerin unterhalten könnt. Ihr erfahrt dabei, welche Geschichte hinter den Bildern steckt, wie die Idee dazu entstanden ist und könnt alles fragen, was euch interessiert. Vielleicht gefällt euch auch ein Kunstwerk so gut, dass ihr es gleich kauft und es einen besonderen Platz in eurer Wohnung bekommt.

184 Eine Segway-Tour durch eure Stadt machen

Bestimmt seid ihr schon unzählige Male durch eure Stadt gelaufen. Meistens tut man das achtlos im Alltag auf dem Weg zur Arbeit oder bei einer Shopping-Tour. Nehmt doch eure Stadt einmal ganz bewusst wahr und nutzt dafür ein ganz neues Fortbewegungsmittel. Bei einer entspannten Segway-Tour ist nicht nur Fahrspaß garantiert, sondern ihr kommt damit zügig von A nach B. Mit einer Stadtführung lernt ihr dazu sicherlich noch Dinge kennen, die selbst euch bisher fremd waren.

185 An einer Quizshow teilnehmen

In anderen Ländern wie zum Beispiel den Niederlanden ist es weit verbreitet, das öffentliche Quiz in Gaststätten und bei Veranstaltungen. Aber auch in Deutschland gewinnt es zunehmend an Beliebtheit. Besonders in Pubs werden Quizabende veranstaltet. Eine Teilnahme macht Spaß und auf jeden Fall nicht dümmer. In kleinen Teams, die sich vorab lustige bis urkomische Namen geben, löst ihr Aufgaben zu ganz verschiedenen Themen. Handys und jegliche Hilfsmittel sind natürlich verboten. Die Erstplatzierten gewinnen Preise, Gutscheine oder Tischrunden, so dass jeder Abend garantiert feucht-fröhlich endet.

186 Stand-up-Paddling

Stehend auf einem Brett über das Wasser zu schippern, ist nicht jedermanns Sache. Dabei ist es gar nicht so schwer, wie es aussieht. Ihr müsst es vorher nicht lernen, sondern einfach ein Board ausleihen und langsam ausprobieren. Anfangs kann man gut im Knien paddeln, bevor man dann den ersten Stehversuch wagt. Dann werdet ihr staunen, wie leicht und entspannt das Paddeln im Stehen ist.
Beim ersten Mal eignet sich am besten windstilles Wetter, wo das Wasser schön ruhig ist. Auch wärmere Temperaturen sind von Vorteil, falls ihr doch einmal hineinfällt. Ich kann da aus Erfahrung sprechen, denn mein erstes Mal fand auf einem Bergsee bei leichtem Wind statt. Da ich meinen Kindern nicht nachstehen wollte, denen Stand-up-Paddling nicht neu war, habe ich wohl mit dem Paddel zu weit ausgeholt und bin kopfüber im Wasser gelandet. Das hat mir im wahrsten Sinne des Wortes den Atem genommen. Also alles schön ruhig angehen lassen! Lasst euch übers Wasser treiben und fühlt euch wie in Hawaii, wo diese Sportart herkommt.

187 Im Ballon fliegen

Eigentlich spricht man ja von einer Ballonfahrt. Warum? Weil rein physikalisch alles, was fliegt, schwerer ist als Luft, wie zum Beispiel Flugzeuge und Hubschrauber. Da sich in dem Heißluftballon aber Gas befindet, das leichter ist als Luft, heißt es Ballonfahren.
Ich selbst finde ja die Bezeichnung Schweben am treffendsten. In einem Ballon fühlt ihr euch himmlisch leicht. Und die Welt zu euren Füßen sieht aus wie auf der Eisenbahnplatte. Spätestens dann ist auch die eventuelle Aufregung vergessen, die sich vielleicht vorab breit gemacht hatte. Nach erfolgreicher Landung gibt's dann aus alter Tradition noch eine fröhliche Ballonfahrertaufe.

188 Autokino

Das erste Autokino gab es 1933 in den USA. In den 50er Jahren erreichte es dort Kultstatus. Heutzutage ist das Autokino auch in Deutschland beliebt und weit verbreitet. Schließlich ist man bei dieser Art Freiluftkino geschützt vor Wind und Wetter und kann vor allem ungehemmt knutschen und mit den Chipstüten rascheln.
Meine absolute Empfehlung, wenn ihr noch nie oder schon lange nicht mehr im Autokino wart. Ich finde es sooooo romantisch! Vielleicht ruft es ja Erinnerungen aus eurer Kennenlernzeit hervor.

189 Partnerhoroskop erstellen lassen

Ihr wollt gern wissen, wie die Zukunft für euch aussieht? Natürlich habt ihr selbst einen großen Anteil daran, was ihr aus eurem gemeinsamen Lebensweg macht. Aber es gibt auch genügend äußere Umstände, die einen Einfluss auf euch haben werden.
Vielleicht verrät euch ein gemeinsames Horoskop, was alles möglich ist für euch. Wie gut passt ihr zusammen? Wobei müsst ihr besonders auf euch achtgeben? Welche Konflikte könnten vielleicht entstehen? Vielleicht kann ein Partnerhoroskop euch helfen, besser mit den Eigenheiten des anderen umzugehen.

Wenn ihr das Horoskop nicht zu bitterernst nehmt, sondern mit ein wenig Humor betrachtet, kann es für eure Beziehung wirklich hilfreich sein.

190 Escape-Room

Was in den 2000ern als Onlinespiel begann, hat sich inzwischen als Live-Erlebnis in der realen Welt etabliert. Ein Escape-Room ist ein thematisch eingerichteter Raum, in dem eine kleine Gruppe von Spielern verschiedenartige Rätsel lösen muss, um den Raum als Sieger zu verlassen. Dabei sind Geschick, Logik, Kombinationsgabe und Phantasie gefragt. Da jeder Spieler andere Talente und Gaben hat, ist das Zusammenspiel im Team wichtig. Das heißt auch, dass man jeden einzelnen mehr wertschätzen lernt. Das wiederum schweißt zusammen und die Kommunikation untereinander wird gefördert.

Ihr könnt das Spiel im Escape-Room als Paar versuchen, aber auch mit Freunden gemeinsam meistern. Fakt ist, dass euch ein spannendes Erlebnis erwartet, das euch gleichzeitig als Persönlichkeiten stärkt und verbindet.

191 Eine Sportveranstaltung besuchen

Selbst wenn ihr nicht die Sportskanonen seid, interessiert ihr euch vielleicht für Fußball, Handball, Tennis, Autorennen oder andere Sportarten. Oft wird dann am Wochenende der Fernseher angeknipst, um die interessanten Wettkämpfe nicht zu verpassen. Dabei ist so ein Rennen, Spiel oder sonstiges Meeting live viel interessanter. Begebt euch ins sportliche Getümmel, seht eure Idole in echt und feuert eure Favoriten an. Ihr seid unter Gleichgesinnten, die Stimmung ist grandios und ihr kommt mal runter von der Couch und raus aus den vier Wänden.

192 Sommerrodelbahn

Yippie, mit Vollspeed den Kanal hinuntersausen. Auf einer Sommerrodelbahn mit seinem Rodel zu Tale zu flitzen, ist nicht nur ein schönes Erlebnis für Kinder. Im Gegenteil, oft haben die Eltern mehr Spaß an dem Vergnügen als die Kids. Also macht doch mal einen netten Ausflug zur nächsten Sommerrodelbahn, von denen es übrigens viel mehr gibt, als man glaubt. Raus aus den vier Wänden ist die Devise und einfach mal wieder Spaß haben, so wie früher.

193 Blumen auf dem Feld pflücken

Ein frischer Blumenstrauß auf dem Tisch verschönert euer Heim und macht das Ambiente gemütlich. Natürlich kann man Blumen auch im Laden kaufen. Aber es gibt auch Felder, auf denen man seine Sträuße selbst pflücken und zusammenstellen kann. Ob Sonnenblumen oder Gladiolen, in einer solchen Vielfalt und Frische wie vom Feld bekommt ihr sie nirgendwo anders.

194 Auf einen richtigen Ball gehen

Einen Abend in der Disco hat wahrscheinlich jeder schon einmal verbracht. Aber wart ihr auch schon mal auf einem richtigen Ball? Wenn nicht, dann plant das unbedingt für eure Zukunft ein! Vielleicht wollt ihr erst noch einen Tanzkurs besuchen, vielleicht braucht ihr noch die passende Garderobe. Aber mehr ist dafür dann auch gar nicht nötig. Ihr müsst keiner besonderen gesellschaftlichen Schicht angehören, um auf einen Ball zu gehen. Zu den Gästen gehören auch immer „ganz normale Leute" wie du und ich.
Also traut euch und legt mit eurem Schatzi einen flotten Walzer aufs Parkett. Kleider könnt ihr euch notfalls ausleihen. Und die wichtigsten Tanzschritte lernt ihr auch in einem Crashkurs oder von Freunden. Vielleicht ist solch ein festliches Ereignis mit Stil ja ganz nach eurem Geschmack und ihr werdet zum Wiederholungstäter.

195 Eine Übernachtung im teuersten Hotel eurer Gegend

Steigenberger, Hilton, Adlon, Kempinski, Ritz-Carlton und wie sie alle heißen - normalerweise übernachten dort nur Promis und Geschäftsleute. Warum eigentlich? Gönnt euch eine Nacht im teuersten Hotel eurer Gegend. Genießt den Luxus und lasst euch verwöhnen. Nehmt alles mit, was das Hotel bietet. Auch ihr habt es verdient, einmal fürstlich zu residieren.

196 Einen ganzen Tag beim Wellness verwöhnen lassen

Der Alltag ist stressig genug und nur selten gönnt man sich selbst etwas Gutes. Klar, es gibt immer irgendetwas zu tun. Und wenn man sich dann doch mal eine Auszeit nimmt, hat man ein schlechtes Gewissen. Geht's euch auch so?
Aber ohne hin und wieder richtig aufzutanken, werdet ihr nur griesgrämig und gereizt, fühlt euch gestresst und die Gesundheit leidet. Also genehmigt euch doch mal einen ganzen Tag in einer Wellness-Oase. Schwimmbad, Wohlfühl-Sauna, entspannende Massagen, prickelnder Whirlpool, knisternder Kamin, verführerische Düfte – all das ist nicht nur eurem Körper zuträglich, sondern auch eurer Seele und damit auch eurer Partnerschaft.

197 Ein klassisches Konzert besuchen

Es mag ein wenig aus der Mode gekommen sein, doch wer einmal einen klassischen Konzertabend erlebt hat, wird ihn so schnell nicht wieder vergessen. Solch ein Abend in seiner Gesamtheit ist ein besonderes Erlebnis, beginnt er doch bereits ganz privat zu Hause mit der Frage aller Fragen: „Was ziehe ich bloß an?" Die Frauen werden eure Hilfe, meine lieben Herren, dabei ganz bestimmt sehr zu schätzen wissen!
Nachdem alle Vorbereitungen abgeschlossen sind – danke liebe Frauen, dass ihr für den perfekten Sitz des Krawattenknotens gesorgt habt – gönnt ihr euch vielleicht sogar ein Taxi für den Weg zum Konzerthaus. Dieser Moment, direkt vor dem Haupteingang vorzufahren und auszusteigen, wertet den gesamten Abend gegenüber dem Erscheinen aus dem dunklen Parkhaus noch weiter auf – garantiert! Auch der Absacker nach dem Ende der Vorstellung schmeckt im Hinblick der Legalität im Sinne der StVO mindestens doppelt so gut, denn ihr nutzt das Taxi natürlich auch für den Heimweg.
Inhaltlich steht man heutzutage einer breiten Vielfalt von Musikrichtungen gegenüber. Während sich eingefleischte Konzertgänger bei den „ganz schweren Brocken" wie Wagner-Opern so richtig wohl fühlen, könnt ihr als Einsteiger ja mit etwas Leichtem beginnen. Wir persönlich waren zum Beispiel in der Hamburger Elbphilharmonie zu einem klassischen Abend mit coolen James Bond Filmmusiken, dargeboten vom Prager Symphonieorchester.

198 In einer Stretch-Limousine fahren

Das machen doch nur reiche Leute! Oder manche vielleicht zur Hochzeit... Nein, ihr könnt es auch einfach so tun! Gönnt es euch! Sucht euch einen schönen Anlass, vielleicht euren Jahrestag, und mietet euch eine Stretch-Limousine! Meistens mietet man so ein Gefährt mit Chauffeur. Nur so habt ihr ja auch den echten Genuss und könnt euch mit einem leckeren Getränk durch die Gegend eurer Wahl „gondeln" lassen. Zieht euch schick dazu an und genießt den besonderen Moment. Manchmal braucht man eine Mindestanzahl an Personen, um sich eine Stretch-Limousine mieten zu können. Dann macht ein Happening für eine kleine Party oder auch für die Familie daraus! Mit Sicherheit ein unvergesslicher Moment für alle.

199 Auf einen Rummelplatz gehen

Als Kind war ich oft auf dem Rummelplatz, wenn er bei uns in der Stadt war. Auto-Scooter fahren, Kettenkarussel, das kleine Riesenrad, Berg-und-Tal-Bahn – das waren damals noch die Highlights. Dazu ein paar Lose an der Losbude und eine Zuckerwatte und die Welt war rosarot!
Heute gibt es viel verrücktere Fahrgeschäfte, die ich persönlich überhaupt nicht mehr benutzen möchte. Da wird es mir schon beim Hinschauen schwindlig. Dennoch ist es ein himmlisches Erlebnis, heutzutage mit meinem Schatz auf den Rummelplatz zu gehen. Erinnerungen werden wach und wir haben einen Mordsspaß, wenn wir uns beim Auto-Scooter gegenseitig jagen. Mit ihm traue ich mich sogar aufs große Riesenrad mit fantastischer Aussicht über die ganze Stadt.
Lasst eure Kindheit wieder aufleben und begeistert euch an den Attraktionen auf dem Rummel. Seid einfach mal wieder wie Kinder und bestaunt die Angebote und Möglichkeiten!

200 In den Streichelzoo gehen und Tiere füttern

Als Kind habe ich das total gerne gemacht und meine Eltern dafür geliebt, wenn wir in den Streichelzoo gingen. Als Erwachsener macht man das dann höchstens mit den eigenen Kindern. Dabei macht es wirklich Spaß, die Ziegen, Esel und anderen Tiere zu füttern und zu beobachten. Es ist entspannend, lehrreich und einfach mal wieder etwas anderes. Raus in die Natur und abschalten. Ist gut für die Seele. Und die Tiere werden es euch danken.

201 Billard oder Dart spielen

Nicht jeder hat zu Hause eine Billardplatte oder eine Dartscheibe. Dabei gibt es beides günstig zu kaufen und ist immer wieder eine willkommene Sache, wenn Gäste kommen. Vielleicht nehmt ihr diesen Tipp ja als Inspiration, euch eine Dartscheibe zuzulegen, die quasi in jede Wohnung passt. Wenn nicht, dann verbringt doch hin und wieder einen Abend in einer Location, wo ihr Dart oder Billard auch zu zweit spielen könnt. Raus aus der Bude, weg von Couch und TV und ein fröhliches Spielchen ist im tristen Alltag immer eine Bereicherung.

202 Städtetour

Mal in eine andere Stadt fahren. Ganz woanders hin. Auf einem Kurztrip dem Alltag entfliehen. Andere Geschäfte, Gebäude, Sehenswürdigkeiten. Kultur und Geschichte erfahren. Veranstaltungen besuchen, die es bei euch nicht gibt. Im Hotel einchecken und verwöhnen lassen.
Garantiert gibt es viele Städte, wo ihr noch nie gewesen seid. Tippt doch mit geschlossenen Augen einfach auf eine Landkarte und fahrt in die Stadt, die eurem Treffer am nächsten liegt. Oder sucht euch gezielt nach euren Interessen die City aus, die ihr schon lange mal (wieder) sehen und erleben wolltet. Und los geht's! Paarzeit für ein Wochenende!

203 Fahrsicherheitstraining

Bestimmt seid ihr ganz passable Auto- oder Motorradfahrer, wenn da nur nicht die anderen Verrückten alle auf der Straße wären. Ein Fahrsicherheitstraining hilft euch nicht nur, diesen Gefahren zu trotzen. Auch mit einem Wildschwein, das vor eurer Nase auftaucht, oder einer vereisten Straße lernt ihr souverän umzugehen.
Ein Fahrsicherheitstraining auf abgesperrten Straßen, oft sogar auf Rennstrecken, macht Spaß und sorgt dafür, dass ihr euer eigenes Fahrzeug noch besser kennen werdet. Sowohl kurzen Fahrten in der Großstadt als auch langen Reisetouren seht ihr in Zukunft absolut gelassen entgegen.

204 Gemeinsam euren Mut beweisen

Ich könnte euch hier mit allerlei Tipps versorgen, welche verrückten Sachen ihr in eurem Leben machen könnt. Wahrscheinlich findet ihr da allerdings bei Jochen Schweizer und anderen speziellen Erlebnisanbietern ausreichend Möglichkeiten.
Definitiv ist es eine unvergessliche Sache, ein extremes Erlebnis zusammen durchstehen. Tage vorher vor Aufregung nicht mehr schlafen zu können, sich gegenseitig Mut zu machen und dann zusammen durch eure Angst zu gehen, die eventuell vorhanden ist – das verbindet auf alle Fälle. Hoch hinaus oder schnell hinunter, wie zum Beispiel beim Paragliding und Fallschirmspringen, Rafting oder Canyoning, Bungee-Jumping und Häuserwände herunterlaufen. All das wird euer Adrenalin und den Puls in die Höhe schießen lassen, ihr könnt euch auspowern und eure Grenzen austesten.

Mutig sein bedeutet nicht, keine Angst zu haben, sondern es trotzdem zu tun.

Lebensträume

205 Eure Mission finden

Eine Bucket List ist nicht nur dafür da, um gemeinsame Erlebnisse zu planen. Viel mehr dient sie dazu, eure tiefsten Herzenswünsche zu erkennen und in eurem Leben wahr zu machen. Was ist es, warum ihr zusammen seid? Was wollt ihr in eurem Leben wirklich erreichen? Was ist euer großer Traum? Wo wollt ihr hin? Was begeistert euch? Wobei verliert ihr das Gefühl von Zeit und Raum? Was tut ihr so gerne, dass es euch nicht anstrengt. Wofür springt ihr morgens voller Freude aus dem Bett? Wofür brennt ihr so richtig – alle beide?
DAS ist es, was ihr erkennen und aufschreiben sollt! Eine gemeinsame Mission ist schon fast ein Garant für eine dauerhaft glückliche Partnerschaft. So geht ihr in die gleiche Richtung, könnt euch ergänzen und unterstützen, teilt eure Leidenschaft und feiert gemeinsam eure Erfolge!

206 Kinder

Seid ihr noch jung und beginnt gerade erst mit der Lebensplanung? Oder seid ihr schon in der Lebensmitte, die Kinder sind schon größer, aber ihr wünscht euch noch mal ein Baby? Oder aber habt ihr euch erst spät kennengelernt und wollt noch einen gemeinsamen Nachwuchs?
Eins ist Fakt, so richtig planen kann man ein Kind nicht. Fast immer im Leben hat man das Gefühl, es würde jetzt gerade nicht passen. Und wenn man sich dann dazu entschließt, dann klappt es vielleicht nicht gleich. Schließlich kann man Kinder nicht bestellen wie im Katalog.

Wenn du also prinzipiell den Wunsch hast, dann rede mit deinem Partner! Es hat keinen Sinn, wenn sich einer sehnlichst ein Kind wünscht und für den anderen Kinder absolut ausgeschlossen sind. Dann könnte das Thema zu langjährigen Diskussionen und Streit führen. Auch als Rettungsanker für kriselnde Beziehungen ist ein Baby nicht geeignet.
Familienplanung geht nicht wirklich zeitlich, aber die Absichten sollten klar kommuniziert werden. Gemeinsame Kinder sind ein Lebensziel. Und Lebensziele sollten in einer harmonischen Partnerschaft übereinstimmen.

207 Pflegekind aufnehmen

Euer Kinderwunsch hat sich nicht erfüllt, eure eigenen Kinder sind bereits groß oder ihr wollt benachteiligten Kindern helfen – es gibt viele Gründe, um ein Pflegekind in die Familie aufzunehmen. Pflegekinder sind Kinder, die aus verschiedenen Gründen nicht in ihrer Herkunftsfamilie leben können. In einer Pflegefamilie bleiben sie nur vorübergehend oder bis zur Volljährigkeit.
Es ist eine große Tat, einem fremden Kind ein neues Zuhause zu bieten. Dennoch will dieser Schritt gut durchdacht sein. Oft hatten diese Kinder ein schweres Vorleben. Deswegen werden angehende Pflegeeltern vorab geschult und vom Jugendamt oder entsprechenden Organisationen beraten und unterstützt. Pflegeeltern werden immer gesucht. Für das Pflegekind kann eine neue Familie den Heimaufenthalt vermeiden und der Start in ein geborgenes, liebevolles Aufwachsen sein. Informationen zur Aufnahme von Pflegekindern bekommt man beim örtlichen Jugendamt.

208 Heiraten

Als Paar könnt ihr natürlich auf Dauer zusammenleben und glücklich sein, ohne zu heiraten. Denn auch ein Trauschein ist keine Garantie für eine ewige Partnerschaft. Deswegen stellt eine Ehe für manche eine veraltete Institution dar, die nicht mehr zeitgemäß ist.

Andererseits ist eine Hochzeit ein eindeutiges Commitment für den Einen oder die Eine. Ihr zeigt nach außen eindeutig, dass ihr zusammengehört und es keine andere Option mehr gibt. Für deinen Partner kann das heißen, dass du dich endgültig entscheidest und dir kein „Hintertürchen" mehr offen halten willst.

Wenn ihr also beide das Gefühl habt, den richtigen Partner an eurer Seite zu haben, dann traut euch einfach – im wahrsten Sinne des Wortes. Sollte dein Partner (noch) nicht heiratswillig sein, dass lass ihm Zeit und nimm es nicht persönlich. Vielleicht wirst du schneller überrascht, als du im Moment glaubst.

Eins ist jedoch ganz wichtig: eine Hochzeit sollte nur in Frage kommen, wenn ihr in eurer Beziehung glücklich seid. Sie ist kein Allheilmittel, um Partnerschaften zu retten, in denen es kriselt. In diesem Fall solltet ihr erst an euch arbeiten und euer gemeinsames Glück wiederfinden. Die Erstellung eurer Bucket List kann euch dabei gute Dienste leisten.

209 Haus bauen oder kaufen

Ein eigenes Heim für euch als Paar oder als Familie ist sicher keine Entscheidung von heute auf morgen. Schließlich wollt ihr ja einige Jahre oder auch für immer in eurem Haus leben. Da gibt es vieles zu bedenken. In welcher Gegend wollt ihr wohnen? Soll es ländlich oder in der Stadt sein? Wie viel Platz braucht ihr? Tiny oder Palast? Welchen Stil soll das Haus haben? Kaufen oder bauen? Firmen beauftragen oder viel selber machen? Wie finanziert ihr euer Haus? Und, und, und...
Wichtig ist es, darüber zu reden, ob ihr euch überhaupt ein Haus wünscht oder auch in einer Mietwohnung glücklich seid. Mit einem eigenen Haus sind natürlich auch mehr Pflichten und Aufgaben verbunden. Wollt ihr das? Andererseits ist ein Haus nicht zwingend eine „Fessel" bis ans Lebensende. Ihr könnt es wieder verkaufen oder vermieten, wenn es euch doch irgendwann woanders hinzieht. Ein Haus ist „nur" etwas Materielles, dennoch kann es euer Leben grundlegend verändern.

210 Auswandern

Ihr reist gerne und manchmal würdet ihr am liebsten im Ausland bleiben? Euch plagt öfters Fernweh und das Wetter in Deutschland macht euch jeden Winter zu schaffen? Die hiesige Mentalität mit Stress und Perfektionismus rauben euch die Energie und ihr wünscht euch ein entspanntes, gelassenes und heiteres Umfeld?Euch zieht es ans Meer und in eine Fülle aus Farben und Früchten? Ihr fühlt euch hier nicht gebunden und seid heutzutage überall auf der Welt schnell erreichbar? Ihr seid selbstständig und genervt von den hohen Steuern in Deutschland?
Es kann viele Gründe geben, um seinen Wohnsitz in ein anderes Land zu verlagern. Zum Glück ist alles mögliches, wenn man es nur wirklich will.

„If you can dream it, you can do it."
(Walt Disney)

211 Gemeinsam selbstständig machen

Ihr habt eine großartige Businessidee? Eure derzeitigen Jobs sind nicht die wahre Erfüllung? Dann wäre es auf jeden Fall eine Überlegung wert, euch zusammen selbstständig zu machen. Im Idealfall ergänzt ihr euch in euren Talenten und Interessen, so dass der eine vielleicht der Visionär, Planer und Tüftler ist und der andere der offene und auf Menschen zugehende Marketingspezialist. Vielleicht bildet sich jeder in einem anderen Bereich weiter, so könnt ihr euch wunderbar ergänzen. Wichtig sind eine gemeinsame Vision und gleiche Ziele. Und dann los! Probiert es aus! Ihr habt nichts zu verlieren und gewinnt auf alle Fälle eine Menge neuer Erfahrungen. Berufliche Erfüllung ist eine wichtige Voraussetzung für ein glückliches Leben und damit auch einer harmonischen Partnerschaft zuträglich.

212 Millionäre werden

Wahrscheinlich klingt das auf den ersten Blick total abwegig. Aber in Deutschland gibt es derzeit 2,1 Millionen Millionäre. Das heißt, jeder Vierzigste ist hierzulande Millionär. Und fast alle davon sind Selfmade-Millionäre. Sie sind also nicht reich geboren oder haben viel geerbt. Warum also nicht auch das Ziel verfolgen, Millionär zu werden?
Laut einer Studie werden Menschen reich, die ihr Geld sinnvoll investieren, zum Beispiel in Immobilien, und nicht auf Sparbüchern oder dem Girokonto liegen lassen. Außerdem leben reiche Menschen nicht, wie oft angenommen, luxuriös und in Saus und Braus und fahren auch meistens keine überteuerten Autos. Reiche arbeiten oft mehr und sind Selbstständige oder Unternehmer. Meist haben sie mehrere Einkommensquellen.
Was hält euch also zurück, selbst Millionäre zu werden? In erster Linie das eigene Mindset, die Einstellung zu Geld, die man uns als Kinder beigebracht hat. Beginnt also an euren Glaubenssätzen zum Thema Geld zu arbeiten. Und dann orientiert euch immer an Menschen, die bereits reich sind und lernt von Ihnen. So habt auch ihr die Chance, finanziell frei zu werden.

213 Für einen guten Zweck spenden

Ganz gleich, ob ihr wohlhabend seid oder nicht, es gibt immer Menschen, denen es wesentlich schlechter geht als euch, und das ohne eigenes Verschulden. Mit einer Spende könnt ihr einen Beitrag leisten für die Würde und Gerechtigkeit und etwas gegen Hunger und Armut tun. Dabei hilft jeder kleine Betrag.
Vielleicht wollt ihr auch etwas für die Umwelt tun oder eine Organisation unterstützen, die eure Interessen vertritt. Mit einer Spende leistet ihr euren persönlichen Beitrag, um diese Welt ein wenig besser zu machen.

214 Ein Buch schreiben

Ihr könnt irgendetwas richtig gut. Ihr möchtet anderen Menschen auf einem bestimmten Gebiet weiterhelfen oder eure persönliche Meinung weitergeben. Eure Erfahrungen und Erlebnisse sind es wert, dass sie in die Welt hinausgetragen werden. Ihr habt Fantasie, dichtet gerne, möchtet unterhalten, begeistern oder zum Nachdenken anregen. Dann nehmt euch doch vor, gemeinsam ein Buch zu schreiben. Werdet Autoren und schenkt der Welt etwas Bleibendes.

215 Mit dem Rad durch einen anderen Kontinent fahren

Es kann auch erst mal ein anderes Land sein, wenn ihr nicht so viel Zeit habt. Aber auf einer Reise mit eigener Muskelkraft, nah an der Natur und den Menschen, lernt man ein fremdes Land viel besser, schneller und intensiver kennen als bei einer Autofahrt. Wenn ihr außerdem gerne an der frischen Luft seid und euch gerne bewegt, dann ist eine Radtour super für euch geeignet. Man muss auch gar nicht der Super-Sportsman sein, denn euer Tempo und eure Streckeneinteilung legt ihr selber fest. Der Vorteil, ihr könnt die kulinarischen Köstlichkeiten im fremden Land ohne schlechtes Gewissen alle probieren, denn die Kalorien werden direkt wieder verbraucht.

Radtouren/-urlaub

Auf jeden Fall ist eine Radreise ideal, um Land und Leute kennenzulernen, denn ihr werdet garantiert eher mit den Einheimischen in Kontakt kommen. Allerdings ist es sinnvoll, eine solche Reise langfristig zu planen. Zumindest wenn ihr längere Zeit unterwegs sein wollt, gibt es einiges zu beachten und zu organisieren. Also rauf auf die Bucket List mit der Idee, auch wenn sie noch sehr vage und unkonkret ist.

216 Euch ein Haustier zulegen

Hattet ihr als Kinder Haustiere? Dann wisst ihr bestimmt, wie bereichernd sie sein können. Meistens haben Menschen, die in ihrer Kindheit mit Tieren aufgewachsen sind, später auch selbst ein Haustier. Vielleicht habt ihr euch aber früher auch ein Haustier gewünscht, aber der Wunsch blieb unerfüllt.

Wenn ihr euch ein Haustier zulegen wollt, dann gibt es vorher einiges zu bedenken. Wie viel Zeit könnt ihr aufbringen? Wie viel Betreuung und Pflege braucht es? Soll das Tier im Haus oder draußen leben? Seid ihr Allergiker? Wie hoch sind Anschaffungs- und Haltungskosten? Wie alt kann das Tier werden? Ist eine artgerechte Haltung möglich? Kann jemand in der Zeit von Abwesenheit für das Tier sorgen?

Auf alle Fälle sind Haustiere nachweislich gut für die Gesundheit, helfen gegen Einsamkeit, Stress und schlechte Laune, fördern den Nachtschlaf und können das Sozialleben verbessern. Außerdem helfen sie, bei Kindern das Verantwortungsbewusstsein zu stärken.

Ich persönlich hatte als Kind kein Haustier. Das heißt, es gab wohl mal einen Wellensittich, aber da war ich noch so klein, dass ich mich gar nicht mehr daran erinnern kann. Als Erwachsener war ich auch erst gar kein Fan von Tieren im Haushalt. Ich war mal bei einer Freundin, die schwarze Katzen hatte und deren Haare dann auf meinem Bett lagen. Grrrrrrr! Das wollte ich auf keinen Fall. Deshalb bekamen meine Kinder als erstes Kaninchen, die draußen im Stall lebten. Später kam dann doch eine Katze dazu, die ein richtiges Familienmitglied wurde. Der Grund dafür war, dass ich erkannte, dass nur freilaufende Katzen wirklich freie Haustiere sind. Das heißt, sie können kommen und gehen, wann sie wollen, werden nicht eingesperrt oder an der Leine geführt. Das fühlte sich richtig gut an und war in der Tat absolut pflegeleicht.

Und nun, da meine Kinder erwachsen sind und nicht mehr in unserem Haushalt leben, denken wir über einen Hund nach. Bei uns scheint sich der Spruch zu bewahrheiten, den ich vor vielen Jahren einmal gehört habe:

„Das letzte Kind hat Fell."

217 Gemeinsam ein Business als Nebeneinkommen starten

Ihr habt beide euren Job, seid angestellt und damit ziemlich glücklich und zufrieden. Ein bisschen mehr Geld könnte trotzdem nicht schaden. Außerdem habt ihr ein tolles Hobby, mit dem man sich etwas dazu verdienen könnte. Oder ihr hattet eine kreative Idee, die ihr gern umsetzen würdet? Manchmal entstehen Geschäftsideen, weil man irgendetwas gebrauchen könnte, was es einfach so nicht gibt. Also los, dann selbst anfertigen! Und wenn es sich bei euch bewährt, dann lasst auch andere davon profitieren. Oder ihr bezieht bestimmte Produkte, für die ihr absolut schwärmt? Dann werdet Händler dafür oder gründet ein Business im Empfehlungsmarketing. Wer weiß, vielleicht verdient ihr damit so viel Geld, dass ihr später sogar euren Lebensunterhalt davon bestreitet.

218 Für eine Weile (wo)anders leben

Habt ihr schon einmal die Idee gehabt, in eine andere Region oder gar ein anderes Land zu ziehen? Hat es euch in eurem Urlaubsort so gut gefallen, dass ihr das Gefühl habt, ihr würdet dort gerne leben? Vielleicht habt ihr auf einer Reise in einem winzigen Ferienhäuschen gewohnt und denkt, das wäre auch für den Alltag total ausreichend? Ihr lebt zwar gerne in der Stadt, aber das ländliche Leben auf einem Bauernhof findet ihr auch sehr reizvoll.

Aber in eurer jetzigen Heimat alles aufgeben und aufs Geratewohl irgendwo anders hinziehen, das kommt überhaupt nicht in Frage! Viel zu unsicher! Hier wisst ihr wenigstens, was ihr habt! Trotzdem reizt es euch immer wieder....

Dann probiert es doch einfach mal aus! In fast jeder Firma kann man ein Sabbatjahr beantragen. Oder ihr fragt nach einer Freistellung oder verlängert euren Jahresurlaub mit ein paar Wochen oder Monaten unbezahltem Urlaub. Vielleicht könnt ihr auch von der Ferne aus arbeiten. Möglichkeiten finden sich immer. Und dann testet die Gegend eurer Träume! Stellt fest, ob es eure neue Heimat werden soll oder sammelt einfach Erfahrungen. Habt den Mut und traut euch! Dann habt ihr später nichts zu bereuen und wisst, warum euer Weg der richtige war.

219 Eine große Reise planen

Seid ihr Reisevögel? Steckt in euch Nomadenblut? Reizen euch fremde Kulturen und Landschaften? Plagt euch öfters Fernweh? Dann stillt eure Sehnsucht und lebt euren Traum! Fangt an und plant eure große Reise! Ganz egal, ob es mit dem Flugzeug rund um die Welt gehen soll, mit dem Camper quer durch Europa oder mit dem Fahrrad durch Südamerika. Schon beim Planen werden eure Herzen aufgehen. Selbst wenn ihr heute noch nicht genau wisst, wann ihr reisen könnt und wie ihr das finanzieren wollt, lasst euch davon nicht abhalten, euren Traum zu kreieren.

Alles ist möglich, wenn ihr es nur wollt.

220 Einen Camper ausbauen

Ihr träumt von Campingurlaub im eigenen Gefährt? Aber so ein großes Wohnmobil ist nicht euer Stil und außerdem viel zu teuer! Ihr möchtet euren Camper ganz nach euren Wünschen gestalten. Er soll  auch durch die kleinen Gassen in italienischen Dörfern passen und kleine, versteckte Stellmöglichkeiten erreichen können. Dann kauft euch einen Transporter oder Kastenwagen, neu oder gebraucht, und baut diesen so aus, wie es euch gefällt. Wenn ihr nicht ganz so handwerklich begabt seid, gibt es dafür auch Experten, die euch dabei unterstützen. Ausgebaute Camper kann man übrigens auch sehr gut verkaufen, falls ihr euer Lieblingsgefährt später irgendwann nicht mehr braucht.

Wir selbst haben zwar einen VW California, der also bereits im Werk als Camper ausgestattet wurde. Aber auch wir haben noch viel nachgerüstet. Ein „Not-Klo" für unterwegs, ausklappbare Solarpaneele zum Laden von Computern, einen 220V-Inverter, einen Heckauszug zum besseren Beladen, Fahrradträger, Dachbox, jede Menge Fächer und Ablagen usw. Wer dazu Informationen benötigt, kann sich gerne per E-Mail bei mir melden. Kontaktdaten am Ende des Buches.

221 Einen Promi treffen

Welchen Prominenten würdet ihr gerne einmal treffen? Schreibt es mit auf eure Bucket List! Auch wenn euch das im Moment absolut unrealistisch erscheint. Manchmal kommen solche Möglichkeiten schneller als ihr glaubt.
Wenn mir vor drei Jahren jemand erzählt hätte, dass ich einmal Barack Obama treffen würde, einen kleinen Smalltalk mit ihm halten und ein Foto machen dürfte, ich hätte denjenigen für komplett verrückt gehalten. Tatsächlich hatten wir 2019 die Möglichkeit dazu. Trotz weiter Anreise, Ticketpreisen, die weit außerhalb unserer Komfortzone lagen und obwohl mein 50.Geburtstag mit großer Party am Folgetag bevorstand, haben wir das Angebot angenommen.

Gelegenheiten sollte man beim Schopfe packen. Wer weiß, ob sie jemals wiederkommen.

222   Gemeinsame Projekte

Zusammen etwas erschaffen, bauen, umbauen oder auch einreißen – all das sind Dinge, die eure Partnerschaft stärken. Ganz gleich, um was es sich handelt, etwas zusammen zu planen und dann durchzuziehen, schweißt zusammen.
Vielleicht hättet ihr gern mehr Raum für die Familie und wollt den Dachboden ausbauen. Vielleicht baut ihr ein Baumhaus für die Kinder oder auch für euch selbst im Garten. Vielleicht möchtet ihr das Wohnzimmer vergrößern und dafür eine Wand einreißen. Etwas mit aller Kraft kaputt zu machen, kann wahnsinnig wohltuend sein.
Natürlich kann man vieles, wie zum Beispiel ein Baumhaus, fertig kaufen oder einen Experten für die erforderlichen Arbeiten bezahlen. Viele glauben auch, sie wären nicht gut genug oder es würde zu viel Zeit kosten, manche Arbeiten selbst durchzuführen. Aber sich und dem Partner etwas zuzutrauen und dann zu sehen, wie sich das Ergebnis immer mehr formt, ist unheimlich befriedigend und sorgt für Glücksgefühle. Am Ende wird gefeiert, wenn das Projekt fertiggestellt ist. Das ist das Wichtigste!

Wer immer tut, was er schon kann, bleibt immer das, was er schon ist. (Henry Ford)

Teil 3

Die Liste ist erstellt – und wie weiter?

Herzlichen Glückwunsch! Eure Liste ist erstellt!

Damit ist der erste und wichtigste Schritt für eure glückliche Zukunft getan. Allerdings kommen die Dinge nicht von ganz allein in euer Leben. Meistens muss man ein wenig „nachhelfen" und auf die Ziele hinarbeiten.

Der Weg, wie eure Träume wahr werden

Legt Prioritäten fest. Welche Wünsche sind euch am wichtigsten? Welche Ideen kommen in die Top 10?
Setzt euch für eure Punkte auf der Liste konkrete Ziele, auch für die, die euch heute noch utopisch erscheinen. Zum Beispiel könnte hinter „Wir möchten Millionäre werden" stehen – „bis 2040". Oder hinter „Ein Jahr Auszeit für Weltreise" - „sofort, wenn die Kinder aus dem Haus sind".
Sucht euch EIN Ziel aus, das euch zumindest schon jetzt erreichbar scheint und startet HEUTE mit der Umsetzung! Was ist der nächste Schritt, den ihr gehen solltet, um dieses eine Ziel zu erreichen?
Wichtig ist, einfach anzufangen! Vielleicht lohnt es sich, aus dem ein oder anderen Ziel Rituale zu machen. Wenn ihr gerne zusammen einen Marathon laufen wollt, dann beginnt mit dem ersten kleinen Lauf und lasst das zur Routine werden, die ihr in euren Wochenablauf einplant. Oder wenn ihr zur Blutspende gehen wollt, um etwas Gutes zu tun, dann ruft gleich an, holt euch den ersten Termin und legt beim ersten Besuch direkt den nächsten Termin fest.
Legt euch Schritt-für-Schritt-Pläne für die ganz großen Vorhaben an! Macht euch also so etwas wie einen Projektplan. Wenn man große Dinge zerlegt in einzelne Etappen, dann erscheinen Sie realistischer und werden greifbarer. Das ist ein guter Trick, um überhaupt erst einmal damit zu starten. Wenn dann der erste Teilschritt erledigt ist, wird zur Belohnung gefeiert! Das motiviert zum Weitermachen.

Macht euch Jahreslisten! Über den Zeitraum von einem Jahr kann man gut planen. Wenn man allerdings keinen Plan hat, dann lebt man im Alltag so vor sich hin. Ein Jahresplan erinnert euch an die nächsten kleinen und größeren Projekte, die ihr nun in Angriff nehmen könnt.
Setzt euch nicht selbst unter Druck! Lasst euch Zeit! ihr müsst keinen Wettlauf veranstalten. Wenn man viele Dinge gleichzeitig beginnen will, kann es sein, dass man sich selbst damit überfordert und am Ende alles sein lässt. Also ganz entspannt, step by step!
Vergleicht euch nicht mit anderen! Wenn ein befreundetes Paar vielleicht schon jetzt zu eurem Traumziel reist und euch selbst das noch nicht möglich ist, dann betrachtet dankbar alle Dinge, die ihr bereits getan habt. Seht es eher als Inspiration, was alles möglich ist, und fragt euch, wie ihr es auch bald schaffen könnt.
Behaltet eure Wünsche und Ziele im Auge, so wie es unter Platz für die Bucket List und Nutzung der Bucket List bereits beschrieben wurde. Verschwindet die Liste erst einmal in der Schublade, sind oft auch die Träume wieder aus dem Leben verbannt.
Erzählt anderen von euren Träumen und Vorhaben. Ist es einmal nach außen kommuniziert, dann bekennt ihr euch dazu. Ihr geht quasi ein Commitment mit euch selbst ein. Wenn die anderen euch dann hin und wieder nach dem Stand eurer Ziele fragen, werdet ihr nicht nur daran erinnert, sondern auch motiviert, diese in Angriff zu nehmen.

Persönlichkeitsentwicklung

Habt ihr euch schon einmal mit Persönlichkeitsentwicklung beschäftigt? Wenn nicht, wäre das jetzt ein guter Zeitpunkt, damit zu beginnen.

Persönlichkeitsentwicklung bedeutet, sein Leben selbst in die Hand zu nehmen. Du selbst hast die Verantwortung für alles, was in deinem Leben geschieht (oder auch nicht geschieht). Mit den geeigneten Methoden bekommst du mehr Selbstbewusstsein und siehst statt Problemen die Chancen, die dir geboten werden. Du lernst, positiv zu denken und deine Stärken weiterzuentwickeln. Das alles wird dazu beitragen, dass du dein Leben nach deinen Wünschen und Träumen leben kannst.

Für deine großen Visionen kann es sein, dass du deine Komfortzone verlassen und deine vorhandenen Grenzen sprengen musst. Was du dafür tun kannst, damit es dir gelingt, dass du Ängste überwindest und mehr Mut aufbringst, ist ebenso ein Teil der Persönlichkeitsentwicklung.

Ebenso kannst du lernen, wie du negative Gewohnheiten änderst und dir neue, förderliche Gewohnheiten aneignest, um langfristig deine Ziele zu erreichen.

Meine eigene Persönlichkeitsentwicklung begann mit dem Lesen von Büchern und dem Besuch von Seminaren. Später habe ich mir für bestimmte Bereiche oder konkrete Ziele auch Coaches und Mentoren genommen. Meinen ersten Mentor hatte ich übrigens beim Schreiben meines ersten Buches.

Inzwischen gibt es auch viele Onlinekurse oder Coachings per Video. Der Vorteil ist, dass man sich so individuell und ortsunabhängig Unterstützung und Begleitung holen kann. Ich selbst bin als Erziehungs-Coach für Eltern und Life-Coach für Frauen online tätig und habe inzwischen Kunden aus dem gesamten deutschsprachigen Raum. Das funktioniert wunderbar für beide Seiten und bietet allen eine große Flexibilität.

Aus meiner eigenen Erfahrung heraus kann ich dir sehr ans Herz legen, dich mit dem Thema Persönlichkeitsentwicklung vertraut zu machen. Im Internet gibt es dazu jede Menge Angebote. Wenn du als Frau gerade irgendwo in deinem Leben feststeckst (vielleicht sind die Kinder groß und du bist auf der Suche nach einer neuen Aufgabe und Erfüllung in deinem Leben), dann kannst du dich gerne per E-Mail bei mir melden. Die Kontaktdaten findest du am Ende des Buches.

Geld generieren

Auf eurer Bucket List stehen nun eure kleinen und großen Wünsche. Vielleicht erscheinen euch manche davon im Moment absolut unerreichbar. Ich hoffe für euch, dass es so ist. Das bedeutet nämlich, dass in eurem Leben noch viel Entwicklungspotential vorhanden ist.

Vielleicht sind eure besonders großen Träume nur zu verwirklichen, wenn ihr mehr Geld habt. Und ihr habt im Moment keine Ahnung, wo ihr das hernehmen sollt.

Tatsächlich spielt Geld in unserem Leben eine große Rolle. Nun könntest du ganz (un)geduldig auf die nächste Gehaltserhöhung warten oder auf einen Lottogewinn hoffen. Aber du kannst auch aktiv etwas dafür tun, mehr Einkommen zu generieren, was in meinen Augen wesentlich erstrebenswerter ist. In diesem Kapitel möchte ich dir ganz kurz ein paar Möglichkeiten dazu vorstellen.

Nicht mehr Zeit gegen Geld tauschen

Als Angestellter wirst du im Normalfall nach der Anzahl Stunden bezahlt, die du arbeitest. Auch die meisten Selbstständigen stellen ihren Kunden die Leistung nach Stunden in Rechnung. Das heißt, du tauschst deine wertvolle Lebenszeit gegen Geld ein.

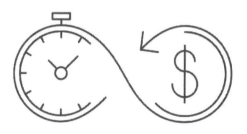

Nun stell dir einmal vor, du bist Fensterputzer. Du hast eine super tolle Methode und ein besonderes Putzmittel und arbeitest damit viel schneller als deine Kollegen. Das heißt, du putzt pro Stunde doppelt so viele Fenster und bekommst trotzdem nur genauso viel oder wenig Geld wie die anderen. Ist doch ungerecht, oder? Viel besser wäre es doch, wenn du pro geputztes Fenster oder sauberes Objekt ein Entgelt bekommen würdest. Dann hättest du den halben Tag Freizeit, während deine Kollegen noch arbeiten. Das heißt, du hast mehr wertvolle Lebenszeit für dich, für eine andere Arbeit, mit der du weiteres Geld verdienen kannst oder kannst doppelt so viele Objekte für doppelt so viel Geld schaffen. Damit tauschst du eine Lösung oder ein Ergebnis gegen Geld.

Wenn du also langfristig mehr Geld durch deine Arbeit bekommen willst, dann versuche, nicht mehr Geld gegen Zeit zu tauschen.

Passives Einkommen

Es gibt verschiedene Möglichkeiten, wie du dir ein sogenanntes passives Einkommen aufbauen kannst. Das bedeutet, dass du dauerhaft Geld für etwas bekommst, das du einmal zu Beginn angelegt, erstellt, kreiert, gekauft oder produziert hast.

Dafür gibt es jede Menge Beispiele, von denen ich hier nur einige nennen möchte:

- *Du könntest Geld an der Börse investieren und dort Kapitalerträge einspielen. Mein Tipp: Tue das nicht, ohne dich vorher mit dem Thema Börse auseinanderzusetzen und die Prinzipien zu lernen.*

- *Du könntest ein Buch oder kleine E-Books schreiben und damit langfristig für Tantiemen sorgen. Heutzutage brauchst du dafür keinen Verlag mehr, sondern kannst dein Buch als Selfpublisher ohne Kosten bei Amazon anbieten.*

- *Du kannst Einkommen mit Network-Marketing erzielen. Es gibt zahlreiche Firmen, die Produkte durch Netzwerken vertreiben. Das heißt, dass du daran Geld verdienen kannst, neue Kunden und Geschäftspartner zu finden. Du profitierst dann von allen Bestellungen deiner angeworbenen Partner. Das ergibt nur Sinn, wenn du selbst hinter dem Produkt stehst und damit gute Erfahrungen gemacht hast.*

- *Affiliate-Marketing bedeutet Empfehlungsmarketing. Stell dir vor, du warst im Kino und hast dort einen ganz tollen Film gesehen. Dann erzählst du das bestimmt deinen ganzen Freunden und Verwandten, dass sie unbedingt auch den Film anschauen sollten. Genauso funktioniert Affiliate-Marketing. Du empfiehlst anderen Menschen Dinge, von denen du selbst begeistert bist. Als Dankeschön bekommst du vom Verkäufer eine Provision, weil dein geworbener Kunde ja sonst nicht gekauft hätte, wenn du nicht gewesen wärst.*

- *Verdiene mit Immobilien Mieteinnahmen. Du hast ein ungenutztes Zimmer, ein kleines (Garten-)Häuschen oder kannst günstig andere Immobilien erwerben? Dann biete es im Internet z.B. über Airbnb an und generiere dir so ein Nebeneinkommen.*

Alte Sachen verkaufen

Verkauft doch einmal Dinge auf dem Trödelmarkt oder über Ebay bzw. Ebay-Kleinanzeigen. Sicherlich habt ihr in eurem Haushalt etliches, was ihr nicht mehr braucht. Sortiert doch mal alles aus und macht damit anderen Menschen noch eine Freude, die gerade genau das suchen, was ihr anbietet. Das kann man in bestimmten Abständen immer wieder machen, weil sich doch ständig Sachen ansammeln, die man nicht (mehr) wirklich benötigt.

Kleiner Trick zum Sparen

Ich möchte dir eine kurze Geschichte aus meinem Leben erzählen.

Vor nicht allzu langer Zeit hatte ich meinen 50. Geburtstag und ich habe ihn richtig groß gefeiert – mit Live-Musik und Freunden + Familie aus ganz Deutschland und sogar aus dem Ausland. Es war eine mega coole Party! Und weißt du, was das Beste daran war? Dass es mich quasi nichts gekostet hat.

Wie das geht? Mit einem kleinen Trick, den ich dir hier verrate. Okay, ich habe eben ein wenig gemogelt. Natürlich hat diese Feier einiges gekostet. Aber das habe ich in diesem Moment einfach so „aus dem Glas gezogen".

Etwa ein Jahr zuvor habe ich begonnen, jeden 5-Euro-Schein zu sammeln, den ich bekommen habe. Ich habe also keinen mehr ausgegeben, wenn ich ihn im Portmonee hatte, sondern gleich in ein Glas gesteckt, das ich mir dafür ausgesucht hatte. So hatte ich zum Zeitpunkt meiner Feier bereits 1.000 € zusammen. Und die habe ich für die Party nicht mal benötigt. Deswegen beginnt doch gleich heute, jeden 5-Euro-Schein wegzulegen, den ihr bekommt. Nehmt ein Gefäß, wo ihr jeden 5-Euro-Schein hineinstecken könnt – ein Glas, ein Portmonee, ein Täschchen, einen kleinen Karton – was auch immer. Vielleicht habt ihr auch schon einen Wunsch, den ihr euch in einiger Zeit erfüllen möchtet? Umso besser! Dann schreib oder male ihn auf oder nutze ein Foto und steck es direkt mit in dein Gefäß!

Nachwort

Ich möchte euch mit diesem Buch anregen zu spinnen und zu träumen. Denkt groß! Wie würde euer Leben aussehen, wenn alles möglich wäre. Bremst euch nicht selbst mit den Gedanken, dass ihr dieses oder jenes niemals erreichen könnt. Wo ein Wille ist, ist auch ein Weg. Vielleicht seht ihr diesen im Moment noch nicht. Aber ihr werdet euch immer weiterentwickeln und später staunen, was alles möglich ist.
Niemand bewertet eure Bucket List. Und wenn doch, dann lasst euch nicht hineinreden. Träumen ist doch schließlich erlaubt.

Nenne dich nicht arm, wenn deine Träume nicht in Erfüllung gegangen sind; wirklich arm ist nur, der nie geträumt hat.

(Marie von Ebner-Eschenbach)

Nichts ist schlimmer als, später sagen zu müssen, wir wollten doch eigentlich mal dieses oder jenes tun, aber im Alltag und über die Jahre ist es in Vergessenheit geraten. Wenn ihr eine Bucket List habt, kann euch das nicht passieren. Also denkt gut darüber nach, was unbedingt darauf gehört. Schreibt lieber mehr Träume und Wünsche auf als weniger. Es gibt kein Zuviel.

Legt Prioritäten fest. Welche der Punkte auf eurer Liste sind euch am wichtigsten? Und dann macht konkrete Ziele daraus. Überlegt, bis wann ihr die jeweiligen Dinge erreicht haben wollt. Das spornt euch an. Und dann legt los mit dem ersten Schritt.

Am besten ist es, wenn ihr die wichtigsten Ziele und Träume auf einem Vision Board visualisiert. Hängt das Board so an eine Wand, dass ihr es täglich betrachten könnt. So seht ihr eure Wünsche immer vor euch. Sie manifestieren sich in eurem Unterbewusstsein. Außerdem motivieren euch die schönen Bilder, ins Tun zu kommen.

Ergänzt und überarbeitet die Liste immer dann, wenn ihr neue Ideen habt. Legt sie nicht zu weit weg, sodass sie zwischen irgendwelchen Unterlagen verschwindet. Hütet sie wie etwas sehr Wertvolles. Denn sie ist wertvoll für euch.

Nutzt die Bucket List als Wegweiser für euer Leben. Betrachtet sie als einen goldenen Kompass. Sie zeigt euch den Weg in ein erfülltes gemeinsames Leben.

Ich wünsche euch von Herzen die Erfüllung all eurer Wünsche. Mögen alle Träume wahr werden und Eure Partnerschaft erfüllt und glücklich bleiben. Falls ihr daran zweifelt, dass eure Wünsche wahr werden können, dann begleite ich euch gern ein Stück eures Weges und zeige euch die richtigen Schritte. Sollte eure Partnerschaft gerade in einer schwierigen Phase sein, dann meldet euch auch gerne bei mir.

Danke

Dieses Buch ist von all meinen bisherigen Büchern mein Lieblingswerk. Voller Begeisterung war ich wochenlang im Flow. Dabei wusste ich vor wenigen Monaten noch nicht einmal, dass ich es schreiben würde.
Mein herzlicher Dank dafür geht an folgende Personen:
Meinen Geschäftspartner Stanislaw Schöner, der die Idee zu diesem Buch lieferte und mir zutraute, aus dem Thema ein Meisterwerk zu machen. Der mit seinem großen Erfahrungsschatz das Team rund um das Buch managte. Und der außerdem alles dafür tat, dass zahlreiche Leser von dem Buch profitieren können.
Heidrun Schwinger, die dem Text den richtigen Schliff verpasste und mir mit zahlreichen guten Hinweisen die richtigen Denkanstöße lieferte, um eine gut lesbare, runde Sache aus dem Buch zu machen.
Marie-Katharina Becker und Jana Schuhmann, die mit viel Kreativität und ihrem künstlerischen Blick für die ansprechende Gestaltung des Buches sorgten.
All meinen Freunden und Bekannten, die sich in wichtige Entscheidungen zum Design und Titel des Buches einbrachten, sich aktiv an unseren Umfragen beteiligten und mit ihren wertschätzenden Meinungen zum Erfolg des Buches beigetragen haben.
Meinen Kindern Maxi und Felix, die die verrückten Ideen und Träume ihrer Mama immer cool fanden und unterstützt haben. Die mit mir zusammen Visionen erschaffen haben und mich stets motivieren, meinen Weg zu gehen. Die mich immer wieder aufs Neue inspirieren, Dinge zu hinterfragen und mein Leben noch bewusster zu gestalten. Die mir das Gefühl innerer Nähe geben, auch wenn uns räumlich Hunderte von Kilometern trennen. Die stets das Wichtigste in meinem Leben bleiben wer-

den. Ich liebe Euch!
Meinen Eltern, die immer für mich da sind, wenn ich sie brauche. Die all meine Ideen und mein Tun mit aller Kraft unterstützen und mir vertrauen, auch wenn nicht alles für sie nachvollziehbar ist. Und die mir mit allen Höhen und Tiefen Ihrer Partnerschaft – mit einer respektvollen Scheidung auf Augenhöhe und wiederholten Hochzeit - vorgelebt haben, worauf es in einer Beziehung ankommt.
Ganz besonders Torsten, dem Mann an meiner Seite, der stets an mich glaubt und mich immer wieder ermutigt, weiterzumachen und unbeirrt meinen Weg zu gehen. Der beruflich und persönlich voll hinter mir steht und mich unterstützt, wo er kann. Der mir seit Beginn unserer Beziehung liebevoll spiegelt, wo ich mich selbst weiterentwickeln darf. Der sich mutig auf meine verrückten Ideen einlässt, mich niemals für meine schrägen Visionen auslacht und mir damit zeigt, dass wirklich alles möglich ist. Ohne ihn wäre ich heute niemals so frei und glücklich in jeder Beziehung meines Lebens. Ohne ihn würde es dieses Buch nicht geben. Für all das und noch viel mehr liebe ich ihn!

DANKE !

Die Autorin

Vor ungefähr zehn Jahren hatte ich ein Leben, in dem ich irgendwie existierte und funktionierte. Ich war alleinerziehend mit zwei Kindern und hatte einen Auswärtsjob, der zwar nicht schlecht bezahlt war, mir aber keinen Spaß machte. Ich tat ihn nur, weil ich Geld verdienen musste. Ich hatte zu wenig Zeit für Freunde und erst recht für mich selbst. Alles war anstrengend und ich sehnte mich nach einem neuen Partner, den ich irgendwie nicht finden konnte. So fristete ich mehrere Jahre mein Dasein und suchte den Grund dafür in den Umständen, die ich ja nicht ändern konnte. Also bemitleidete ich mich selbst.

Da schenkte mir eine Freundin ein Buch, das mir die Augen öffnete. Ich lernte, dass ich für mein Leben selbst verantwortlich bin. Dass ich mir zuerst überlegen muss, wie ich mein Leben gern hätte. Und dass ich das zunächst einmal aufschreiben solle. Gesagt (oder besser gelesen), getan. Ich schrieb also zum ersten Mal meine Wünsche und Träume auf.

Heute habe ich einen Job, der mich erfüllt. Ich bin frei und kann arbeiten, wann und wie viel ich will. Ich verdiene so viel Geld, wie ich möchte. Meine Kinder sind inzwischen erwachsen und wir haben eine sehr enge, liebevolle Verbindung zueinander.

Ich lebe seit über fünf Jahren in einer glücklichen Partnerschaft. Von Beginn an haben wir eine gemeinsame Bucket List und machen uns Jahrespläne. Und im letzten Jahr ging ein Lebenstraum in Erfüllung – einfach mit einem Camper losfahren und immer dort bleiben und arbeiten, wo es uns gerade gefällt. Ich empfinde unheimlich viel Dankbarkeit für diese Leichtigkeit und Freiheit.

Der Weg von der Wunschliste zum Ziel verlief natürlich nicht direkt. Es gab Stolpersteine und oft sah ich den Wald vor lauter Bäumen nicht. Manchmal war ich kurz vorm Aufgeben. Wahrscheinlich hätte ich es auch nicht alles allein geschafft. Doch zum Glück gab es Coaches und Mentoren, die mich auf einigen Wegstrecken begleitet haben.

Wenn du beim Erreichen deiner Visionen und Träume auch gern an die Hand genommen werden willst, um gut und sicher anzukommen, dann bin ich gerne für dich da. Denn eins weiß ich ganz genau:

Was ich kann, das kannst DU auch!

Kontakt:

Ina Bär
Elterncoach/ Life-Coach für Frauen
Tel.: 0049 151 55743688
bucketlist@ina-baer.com
www.ina-baer.com

Anhang

Meine persönliche Bucket List

- [ ] _____
- [ ] _____
- [ ] _____
- [ ] _____
- [ ] _____
- [ ] _____
- [ ] _____
- [ ] _____
- [ ] _____
- [ ] _____
- [ ] _____
- [ ] _____
- [ ] _____
- [ ] _____
- [ ] _____
- [ ] _____

Haftungsausschluss
Alle Ratschläge in diesem Buch wurden vom Autor und vom Verlag sorgfältig erwogen und geprüft. Eine Garantie kann dennoch nicht übernommen werden. Eine Haftung des Autors beziehungsweise des Verlags für jegliche Personen-, Sach- und Vermögensschäden ist daher ausgeschlossen.

Copyright © 2021 Ina Bär
Alle Rechte, insbesondere das Recht der Vervielfältigung und Verbreitung der Übersetzung, vorbehalten. Kein Teil des Werkes darf in irgendeiner Form (durch Fotokopie, Mikrofilm oder ein anderes Verfahren) ohne schriftliche Genehmigung des Verlages reproduziert oder unter Verwendung elektronischer Systeme gespeichert, verarbeitet, vervielfältigt oder verbreitet werden.

© Ina Bär 2021
Alle Rechte vorbehalten.
Nachdruck, auch auszugsweise, verboten.
Kein Teil dieses Werkes darf ohne schriftliche Genehmigung des Autors in irgendeiner Form reproduziert, vervielfältigt oder verbreitet werden.
Die Autorin Ina Bär wird vertreten durch: Stanislaw Schöner | Dr.-Hans-Liebherr-Straße 36/1 | 88416 Ochsenhausen

Printed in Poland
by Amazon Fulfillment
Poland Sp. z o.o., Wrocław